院長が教える
# 一生登れる体をつくる食事術

齋藤 繁

ヤマケイ新書

院長が教える 一生登れる体をつくる食事術　目次

## 第2章 日常の食事術

登山に適した体をつくる

第3章 登山中の食事術

最大のパフォーマンスが発揮できる

第4章 院長がおすすめする

# 健康増進料理

# はじめに　医食同源のすすめ

## 末永く山登りをつづけるために

昨今は中高年登山ブームもすっかり定着し、どこの山へ行っても元気いっぱいの中高年登山者で賑わっている光景がごく当たり前になりました。メジャーな山は若者が増えてきているようにも見受けられますが、マイナーな山は依然として中高年が中心。なかには何十年にもわたって継続的に山へ通っている人もいますが、定年退職を機に登山を始めた人、もしくは学生時代から長年のブランクを経て復活した人も少なくないようです。

中高年登山者が多いことは、総務省統計局が行なっている社会生活基本調査を見ても明らかで、現在は新型コロナウイルス感染症の影響もあって数値が少し変わっていますが、２０１１（平成

## 年齢別「登山・ハイキング」の行動者率と平均行動日数
(2011年)

－男性－

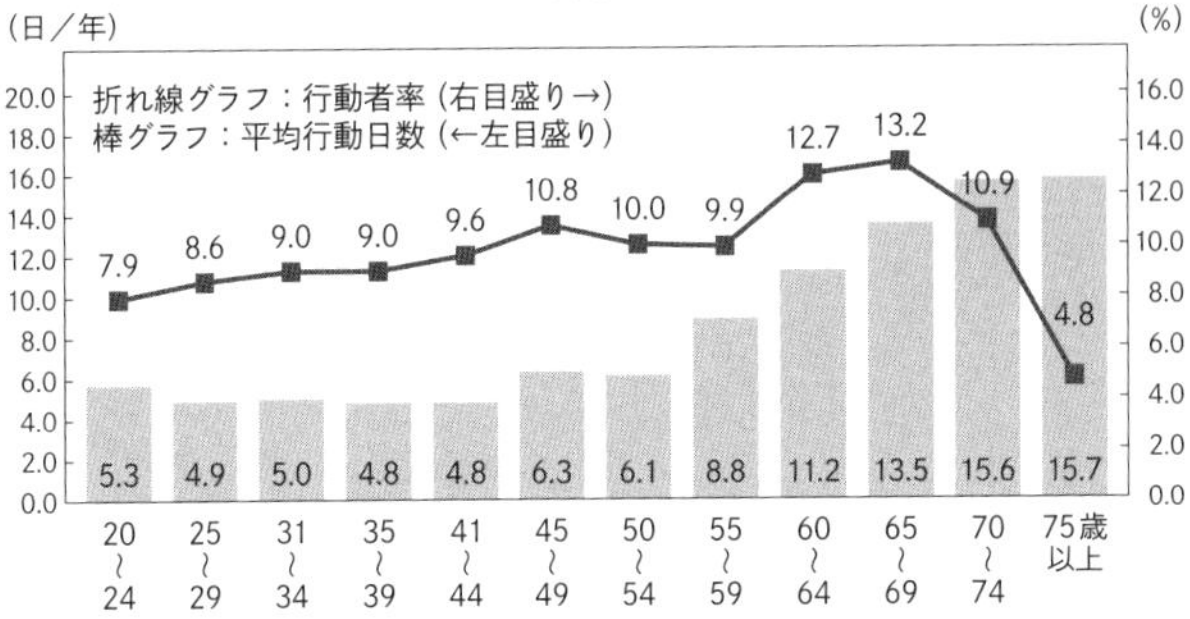


－女性－

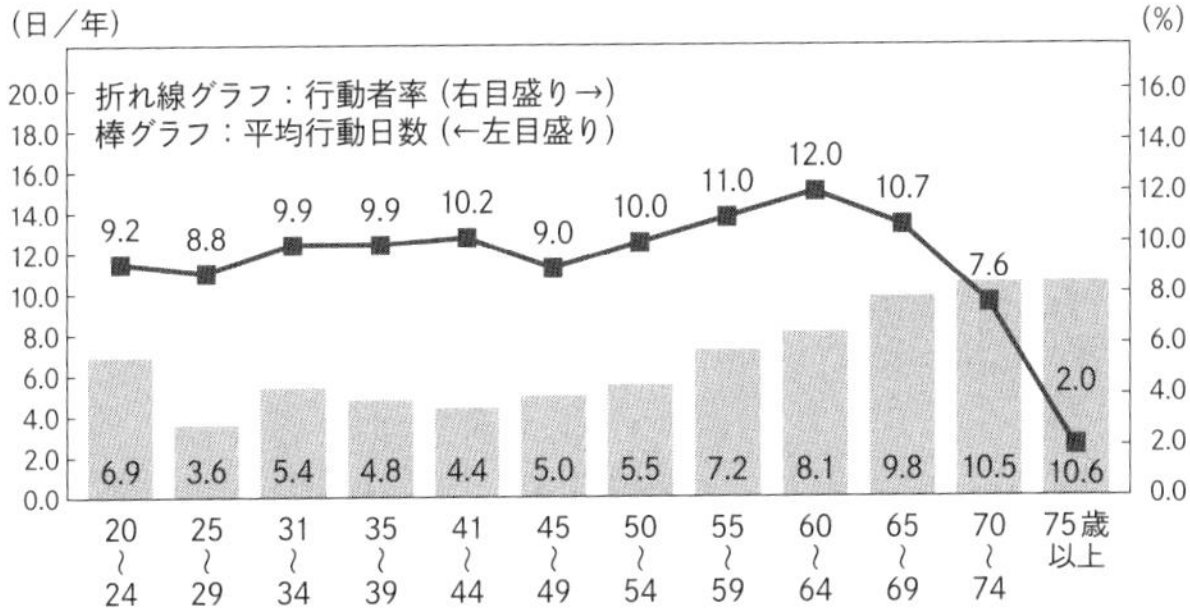


「登山・ハイキング」の行動者（15歳以上）の総数
　　──972万7000人（男性494万5000人、女性478万2000人）
行動者率──9.0％（男性9.4％、女性8.6％）

総務省統計局の報道資料「統計トピックスNo.96　登山・ハイキングの状況」を元に作成（図表は20歳未満を割愛）

23）年の調査では、50歳以上の登山者が男性の60パーセント以上、女性は50パーセント以上を占めていることがわかります。

平均行動日数（1年間に山へ登る日数）が歳を重ねるごとに増えていくのは、純粋に登山をレクリエーションとして謳歌するためだけでなく、加齢とともに衰えていく体力を維持する目的で定期的に登っている人が多いことの証しといえるのではないでしょうか。そしてどなたもが、「いつまで登りつづけられるのだろう」――そんな不安を抱きながら山行を繰り返しているのではないかと思います。

改めて説明するまでもなく、登山は少なくとも数時間、長くなれば数週間という単位で行なわれる持久系の運動です。このように酸素を使いながら長時間継続する運動を、短距離走に代表される瞬発系の「無酸素運動」に対して「有酸素運動」と呼びますが、なかでも登山は、登る山の選び方によって体にかける負荷や運動時間を個々で調整できることに加え、山頂に立つという精神的な喜びを同時に得られるわけですから、体力の低下を防ぐには理想的といえます。山の高低を問わなければ、どんなに歳を取ろうとつづけられるのも利点。競技スポーツの世界では、還暦を過ぎてからも継続するのは極めて稀《まれ》なことですが、登山は年齢を問わずに一生涯つづけられるのです。すなわち「登山は究極の有酸素運動」といっても過言ではないでしょう。

末永く登山をつづけていくためには、日ごろの体力づくりが不可欠であることを皆さん自覚されているようで、それゆえ70歳以上の登山回数（平均行動日数）が多くなっているのですが、その一方で山に登る人の数（行動者率）が60代後半から急速に減少してしまうのはなぜなのでしょうか。これはおそらく、健康上の理由で山に登れなくなる人が増えることに起因すると思われます。生活習慣病にかかったり、足腰にトラブルを抱えるなど、体になにかしらの不具合が生じて、とても山登りどころではなくなってしまうのです。

こういった登山を断念せざるを得ない状況を回避するために、真っ先に考えなくてはならないことはなにかというと――それが本書のテーマ、毎日の食事です。

## 医食同源で健康寿命をのばす

皆さん、「医食同源」という言葉をどこかで耳にしたことがあると思います。「日常の食べ物も医療に使う薬も、その源は同じ」という中国古来の考え方「薬食同源」とまったく同義ですが、いつごろからか「医食同源」と呼ばれるようになり、一般に広く知られるようになりました。

漢方医学の古典的バイブルといわれる『神農本草経』では、食べ物を酸鹹《さんかん》（塩辛い）甘苦辛《かんくしん》の五味《ごみ》に分類し、人参《にんじん》（朝鮮ニンジン）、葡萄《ぶどう》、胡麻《ごま》、石蜜《せきみつ》（ハチミツ）、牡蠣《かき》、乾薑《かんきょう》（ショウガ）などの薬効を記しています。この効能は現代の栄養学的知見とはかならずしも一致しませんが、食べ物が体に多大な影響を及ぼすことは、まさに揺るぎない真理といえるでしょう。

人間は、食べ物によって栄養を摂取し、体を動かして消費するというサイクルを繰り返すことによって生命を維持する仕組みになっています。このバランスが崩れれば、生命維持に支障をきたす――つまり病気になるのは当然のこと。それを避けるためには、適度な運動を心がけることとともに、「医食同源」を日々の食事に取り入れることが最も近道といえます。

もうひとつ体に入ってくるものといえば空気（酸素）がありますが、数千メートル級の高山の上や大気汚染のひどいところでないかぎり、さほど体に影響を及ぼしませんし、自らの力ではコントロールの仕様もありません。しかし食べ物は、意識の持ちよう次第で誰でもコントロール可能。このやり方をしくじれば病気になり、うまくいけば健康を維持して長生きできるわけです。

ＷＨＯ（世界保健機関）が発表した最新のデータによると、日本人男性の平均寿命は81・5歳

**健康寿命と平均寿命の差（2019年）**

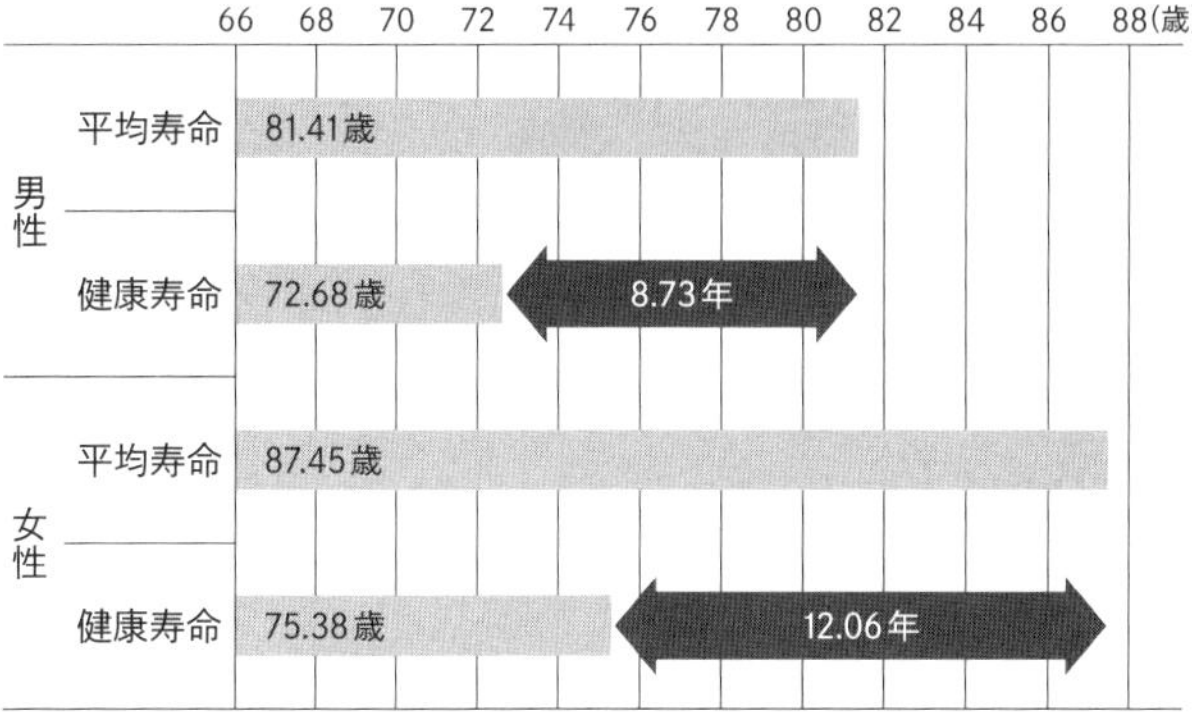


厚生労働省「健康寿命の令和元年値について」を元に作成

（世界第2位）、女性は86・9歳（世界第1位）で、今後もさらに延びることが予測されています（新型コロナウイルス感染症による一時的な変動を除く）。日本人の平均寿命が世界でもトップクラスであることは喜ばしいかぎりですが、ここで忘れてはならないのは、この平均寿命は介護を必要とする人も含まれていること。できることなら、誰の手も借りずに自由に動き回れる状態で長生きすることを目指したいものです。

2000（平成12）年にWHOが「健康寿命」という新たな健康指標を提唱しました。「健康上の問題で日常生活に制限がかかっていない年数」を意味し、社会保障の負担を軽減させる意味でも平均寿命との差をどれだけ縮めるかが喫緊の課題となっているのですが、これればかりは医師の力だけで成し得ることはできません。医療によって平均寿命をのばすことはできるかもしれませんが、健康寿命は皆さんの日常生活に負うところが大きいからです。

また、健康寿命はアンケート調査を元にして導き出されるため、どの状況を「健康」と捉えるか、ずいぶん幅があるようです。仮に日常生活に制限がかからない状態であったとしても、食事やトイレといった身の回りのことが介助なしでできるだけで健康といえるでしょうか。やはり、自分のやりたいことを思いどおりにできてこそ、真の健康といえると思います。

## 登山と医食同源は表裏一体

私は事あるごとに「登山は健康増進に最適」と主張しています。真の健康を維持して健康寿命をのばすためには、適度な運動と医食同源をふまえた食生活を両立させることが不可欠ですが、自ら毎日のトレーニングを課してもついサボりがちになりますし、スーパーマーケットへ買い物に行けばおいしそうなものに思わず手がのびてしまうものです。健康でいたい、という漠然とした目標を立てても、目先の欲望のほうがどうしても勝ってしまいます。

　ここに山へ登りつづけるという明確な目標ができれば、トレーニングのモチベーションはおのずと高まり、必要ないものを食べないようにするという自制心も働くようになるはずです。

　さらに、山へ登るときには、基本的に食べるものを持参しなくてはならないので、食事と体の関係について真剣に考えるようになります。医食同源への関心が高まれば、それが自然に日常生活へ波及していくでしょう。末永く登山をつづけるためには医食同源を意識することが大切ですが、健康長寿のための医食同源を考えるうえで、登山はこの上ない環境ともいえるのです。

　もうひとつ付け加えれば（食事の話ではありませんが）、山に登ると日常生活では気づかないような体の微妙な変化が如実にわかるのも利点。同じ山に繰り返し登れば、疲れ具合などから体の危険信号を察知することができ、しかるべき治療を受ければ発作などを未然に防げます。いわば定期健康診断を受けるのと同じことになるのです。

　本書を手に取ってくださった方は、すでに登山を楽しまれていることと思いますが、この機会にぜひ日ごろの食生活を見直してみてください。医食同源は決してむずかしいことではなく、今日からでもすぐに取り入れられます。その具体的な方法は、順を追って解説していきましょう。

# 第1章

## これだけは覚えておきたい
## 栄養素とカロリーのこと

# 栄養素の基礎知識

## 栄養素の役割

人間の体は、30～80兆個ともいわれる細胞と、その細胞を支える骨や繊維（線維）、これらのあいだを満たす液体成分で構成されています。細胞をひとつひとつ数えることはできないので、この数はあくまでも推定値にすぎず、さまざまな説があるのですが、いずれにしても兆単位であることに変わりはありません。

そして、この膨大な数の細胞は、早いものは数日おき、ゆっくりしたものでも数か月から数年おきのペースで次々と作り変えられていきます。作っては壊し、また作ってはまた壊しといった具合に、建築にたとえれば建て替え作業を定期的に連綿と繰り返しているわけです（この作業を

## 人体を構成する栄養素

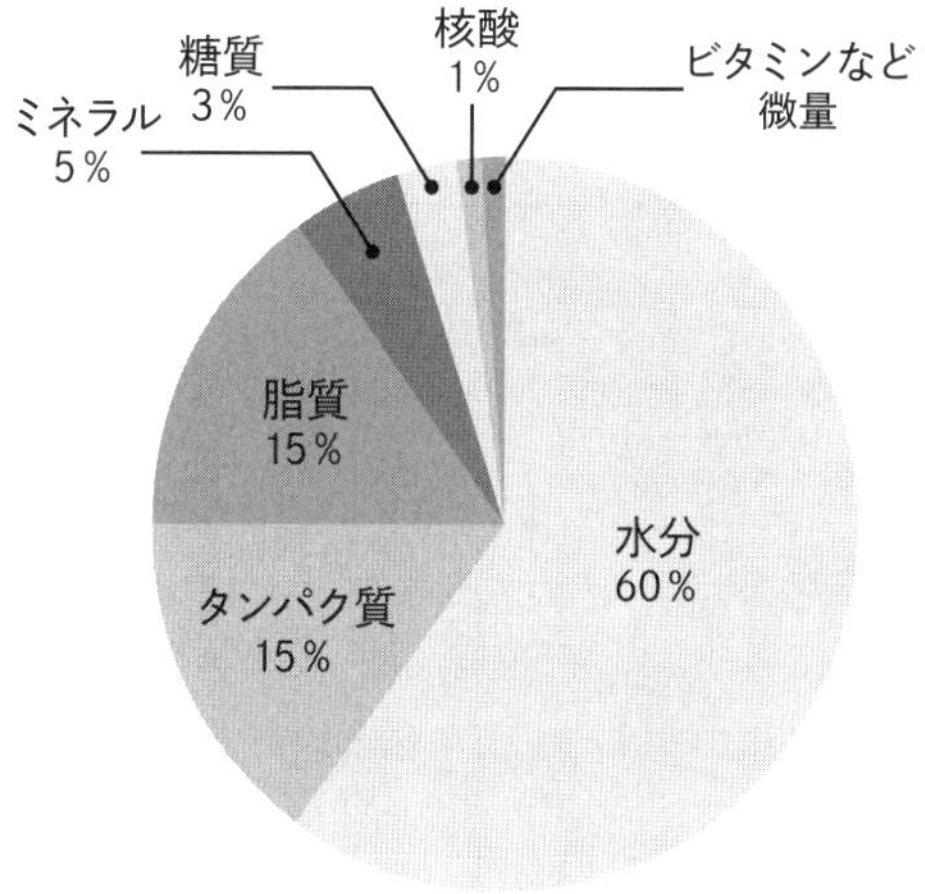


体の構成成分を栄養素別に分けると、水分が多くを占めることがわかる。この割合は体形や年齢によって個人ごとに異なり、食事や排泄の前後など時間帯によっても変動がある

## 体の組織構成

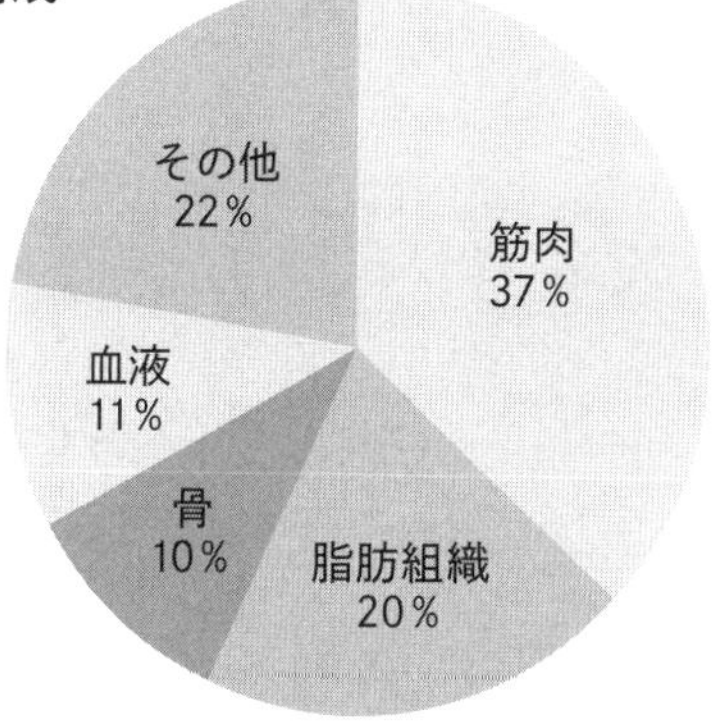


体の構造は形態や機能別に区分するのが一般的。筋肉にはタンパク質、脂肪組織には脂質、骨にはカルシウムやミネラル、血液は水の比率が多いなど、それぞれに特徴があり、効率よく栄養素を摂取するための指標となる

「代謝」といいます)。

こういった細胞や骨などを動かすための燃料になったり、建て替えの資材になったり、その役割分担を調整したりするのが「栄養素」です。よく「栄養を摂る」といった言い方をしますが、「栄養」とは体の構造と機能を維持するためのプロセス全体を指す言葉で、正確にいえば「栄養」ではなく「栄養素」の集合体である食べ物を人間は口から摂取します。

体内に入った食べ物は、胃や腸で栄養素ごとに分解され、使用に適した形に組み替えたり加工したりしてから、必要とされる箇所に振り分けられていきます。そして不要になった廃材や、使いきれなかった燃料、余ってしまった資材は便や尿などになって排出されるのですが、すべてを出しきってしまうのではなく、一部はいざというときのために貯蔵されます。

体の仕組みをごく簡単に説明するとこのようになりますが、そのすべてが食べ物によって司られていること、おわかりいただけるのではないでしょうか。

人間は植物のように光合成で栄養成分を作り出すことができないので、すべての栄養素を食べ物から得ることになります。必要な栄養素を過不足なく摂取できれば問題はないのですが、偏りが生じるとさまざまな支障をきたしてしまうのは当然のこと。ある栄養素が足りなくなれば細胞の活動はどうしても鈍りますし、ある栄養素を摂りすぎれば貯蔵量が増加して建物のバランスが崩れてしまいます。もちろん、消費量（運動量）が少なくても余剰分は増えるばかり。使用頻度が低い細胞は能力が衰えていくので、これまたバランスが崩れる要因になってしまいます。

健康を維持するためには、栄養素の特性を知ったうえで食べるものを選び、それが必要量だけ適材適所に行き渡るようにすることが肝心。これが、「はじめに」で「健康寿命をのばすためには、適度な運動と医食同源をふまえた食生活を両立させることが不可欠」と記した所以《ゆえん》です。

## 栄養素の特性とその機能

三大栄養素（炭水化物・タンパク質・脂質）、あるいは五大栄養素（三大栄養素＋ビタミン・ミネラル）という言葉をしばしば耳にしますが、これを目的別に整理して、体を動かすためのエネルギーを発生させるもの（炭水化物・脂質）、体の組織を作るもの（タンパク質・脂質）、体の調子を整えるもの（ビタミン・ミネラル）の三つに分けたほうが理解しやすいかもしれません。

まずは、それぞれの栄養素の特性について箇条書きで記しておきましょう。

## 炭水化物（糖質）

〈代表的な食品〉

米、餅、小麦粉を使ったもの（パン、うどんなど）、イモ類（ジャガイモ、サツマイモなど）、パスタ、バナナ、砂糖、ハチミツ

〈特性〉

・炭水化物は糖質の総称で、人間が分解できないセルロースなどの食物繊維も含まれる。
・食物繊維以外の炭水化物はブドウ糖として吸収される。
・ブドウ糖など単糖類と呼ばれる糖質は、横につながって二糖類、オリゴ糖、多糖類など長い鎖状の分子を形成する。

### 炭水化物の分類

| | | | |
|---|---|---|---|
| 炭水化物 | 糖質 | 単糖類 | ブドウ糖、果糖、ガラクトース |
| | | 二糖類 | ショ糖（砂糖）、乳糖、麦芽糖 |
| | | 少糖類（オリゴ糖） | ラフィノース、スタキオース |
| | | 多糖類 | デンプン、グリコーゲン、デキストリン |
| | | 糖アルコール | キシリトール、ソルビトール |
| | | その他 | アスパルテーム、ステビア |
| | 食物繊維 | | セルロース、ペクチン |

・筋肉や脳を動かすエネルギー源となる。
・即効性は高いが、不足すると筋肉は力を出せなくなり、脳の機能も低下する。
・余剰分は脂肪に変換されて体内に貯蔵される。
・酸素を消費しながら代謝するとエネルギーの産生量が増えるため、無酸素運動より有酸素運動のほうが多くのエネルギーが得られる。

## タンパク質

**〈代表的な食品〉**

肉類、魚類、鶏卵、豆類（豆腐、納豆）、チーズ

**〈特性〉**

・筋肉や靭帯《じんたい》、内臓の枠組み、爪や髪の毛などの材料となる。
・生体内の情報伝達や機能調整を司るホルモンや酵素、免疫グロブリンも構成する。
・体内に取り入れると、消化酵素の働きによっていったんアミノ酸に分解される。この状態で

体内を移動し、必要に応じてタンパク質に再合成される。

・遺伝子情報のＤＮＡ（デオキシリボ核酸）やＲＮＡ（リボ核酸）もアミノ酸から合成される。

## 脂質

**〈代表的な食品〉**

食用油、バター、ラード、ナッツ類

**〈特性〉**

・過剰に摂取された栄養素をエネルギー源として蓄える。

・細胞膜の主要な構成要素となり、水分の多い体のなかに仕切りを作る働きをする。

・体内の情報伝達において重要な役割を担い、不足すると生体機能を維持できなくなる。

・温度の低い環境では断熱材となり、体温の低下を防ぐ。

・脂肪酸には、炭素の二重結合がない飽和脂肪酸と二重結合がある不飽和脂肪酸の二種がある。

・不飽和脂肪酸のうち、二重結合がひとつのものは一価不飽和脂肪酸、複数あるものは多価不飽和脂肪酸と呼ばれ、後者は二重結合のある位置によってω《オメガ》6系とω3系に細分類される。また、二重結合のよじれ方によってシス型脂肪酸とトランス型脂肪酸にも分けられる。

・多価不飽和脂肪酸は体内で合成できず、食べ物から摂取しなくてはならないため、必須脂肪酸と呼ばれる。

## ビタミン

**〈代表的な食品〉**

野菜類、レバー

**〈特性〉**

・三大栄養素のように体の構成要素やエネルギー

**飽和脂肪酸と不飽和脂肪酸**

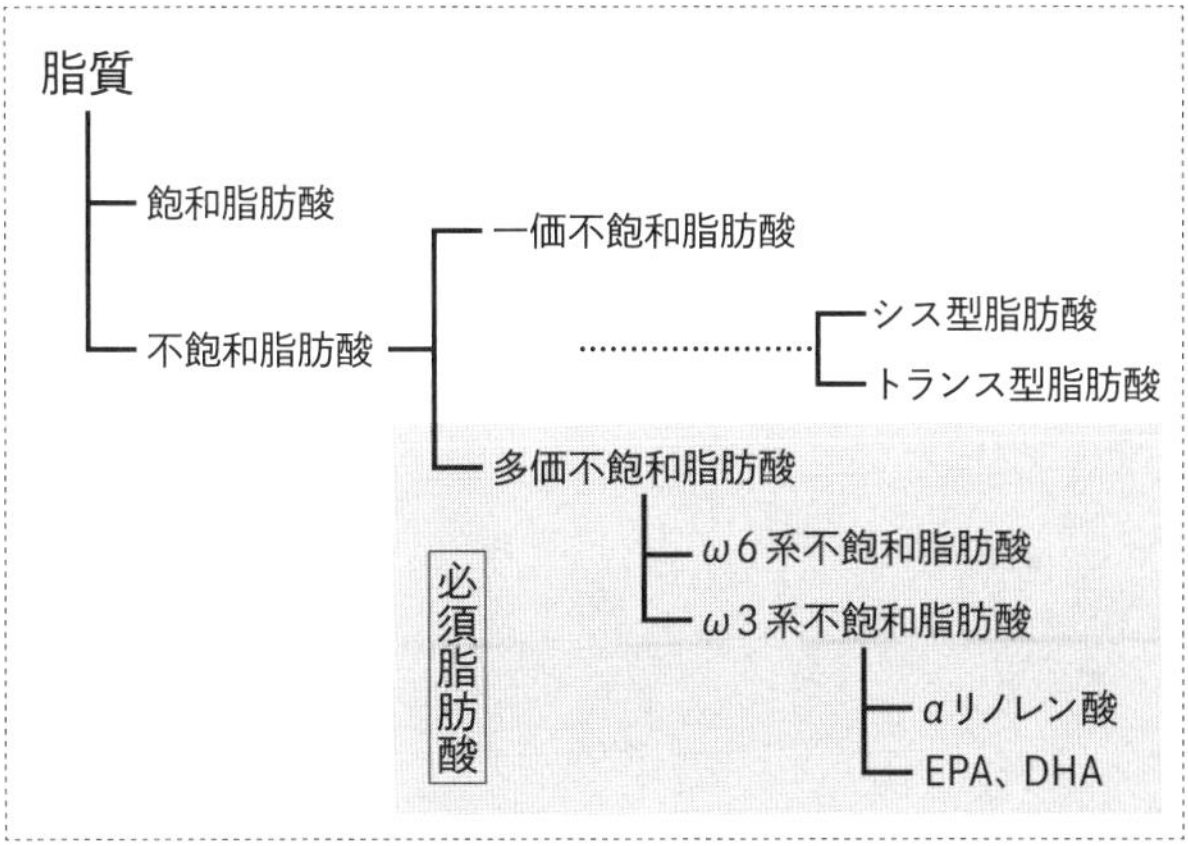

源にはならないものの、体を円滑に活動させたり機能を維持するために不可欠な栄養素。

・皮膚、粘膜、血管、骨などを含め、各臓器の細胞の代謝を促す。

・水への溶けやすさの違いによって水溶性ビタミンと脂溶性ビタミンに二分される。

・体内ではほとんど合成されないので、食べ物から摂取しなければならない。

・必要量はごくわずかなので、多量に摂取する必要はない。

## ミネラル

**〈代表的な食品〉**

海藻類、野菜類、牛乳

**〈特性〉**

・ビタミンと同様に体の機能を維持するために欠かせない栄養素。

・体を構成する元素のうち、炭素、水素、酸素、窒素を除いたものを指す。

・一日あたりの必要量が１００ミリグラム以上のものを多量ミネラル、１００ミリグラム以下のものを微量ミネラルという。
・体内では合成できないので、食べ物から摂取しなくてはならない。
・バランスよく摂らないと、神経細胞が正常に活動できなくなり、さまざまな病気の原因となることもある。

なんだか栄養学の教科書のようになってしまいましたが、皆さんは管理栄養士を目指しているわけではありませんから、このすべてを理解する必要はないでしょう。とくに重要なことは順を追って解説していきますので、栄養素にはそれぞれ役割があって、どれが欠けても体を維持できないことのみ、取りあえず頭に入れておいてください。

### 体を構成する元素

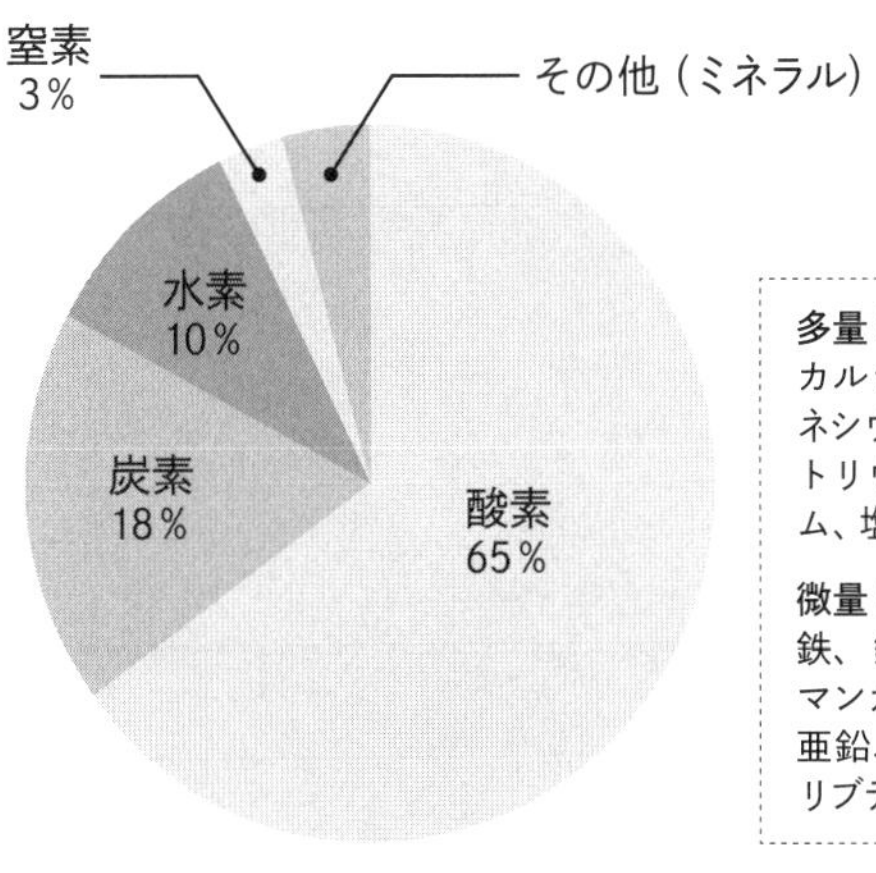


**多量ミネラル**
カルシウム、マグネシウム、リン、ナトリウム、カリウム、塩素、硫黄

**微量ミネラル**
鉄、銅、ヨウ素、マンガン、セレン、亜鉛、クロム、モリブデンなど

# 栄養の収支バランス

## 消費カロリーと摂取カロリーの関係

人間は食べ物から栄養素を吸収し、それが体を動かすエネルギーとなるのですが、その必要量は個人個人の体形や運動度合によって変わってきます。

体を動かすエネルギーをカロリーという単位で表わすことはご案内のとおり。1グラムの水の温度を1度C上げるために必要なエネルギー（熱量）が1カロリーで、キロカロリーはその1000倍のエネルギー量を示します。

日常生活で一日に必要とするカロリーの目安は、左ページの推定式で計算可能です。これに当てはめれば、体重50キロの人は1600キロカロリー、60キロの人は1920キロカロリー、70

キロの人は２２４０キロカロリーと算出されます。

健康な状態を保つには、消費した分（排泄量を含む）だけカロリーを補給する――これに尽きます。とはいえ、消費カロリーは日によって変動するので、厳密な数値を割り出すことは不可能ですし、計算する意義もありません。先に算出した必要エネルギー量を意識しながら食事を摂り、体重の変化で消費カロリーと摂取カロリーの収支バランスを見極めるのが現実的といえるでしょう。摂取カロリーが消費カロリーを下回ると痩せていきますし、上回れば太っていくので、誰でも簡単にわかるはずです（体重の測り方については後ほど詳しく説明します）。

病院で栄養指導をしているとき、こんなことをおっしゃる患者さんがいました。

「白いご飯を食べないようにしているのに太っちゃうんです。私は空気を吸うだけで太る体質みたいです」

しかし、摂取カロリーが消費カロリーを上回らないか

**一日のエネルギー必要量の推定式**

体重（kg）

×

0.4
（肉体労働系などは0.5
身体活動の少ない高齢者は0.3）

×

80（kcal）
（栄養素平均含有量の1単位）

ぎり太ることはあり得ません。よくよく聞いてみると、
「まったく食べないと倒れちゃうんで、ときどき菓子パンでエネルギーを補給しています」
とのこと。菓子パンは白いご飯よりカロリーが多いことをご存知なかったようで、これによってカロリーの収支バランスが崩れてしまっていたわけです。

## 理想的な栄養バランス

ひと口に一日のカロリー摂取量といっても、なにをどれだけ食べるのかが重要なカギとなってきます。仮に摂取カロリーと消費カロリーが均衡していたとしても、体の維持に必須のタンパク質が不足してしまうと健康状態を保てないからです。

その指針として、厚生労働省と農林水産省が推奨する「食品バランスガイド」や、アメリカ農務省が作成した「マイプレート」が参考になるのではないでしょうか。

「食品バランスガイド」は、水分を軸とした独楽《こま》の形になっていて、回転を安定させるために運動が必要なこと、そしてどの要素が欠けても独楽が倒れてしまうことが読み取れます。それぞれ

## 食品バランスガイド（厚生労働省・農林水産省作成）

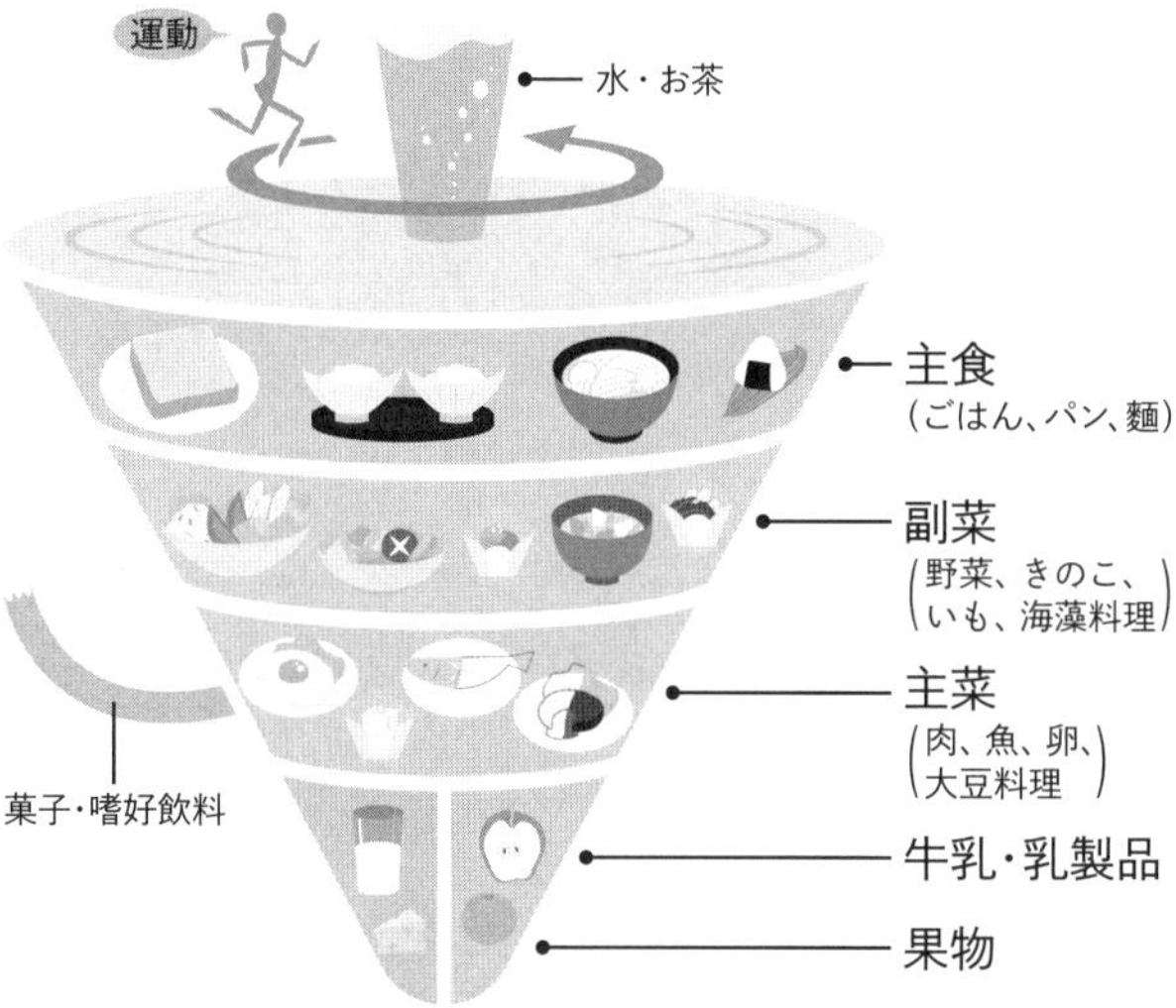


## マイプレート（アメリカ農務省作成）

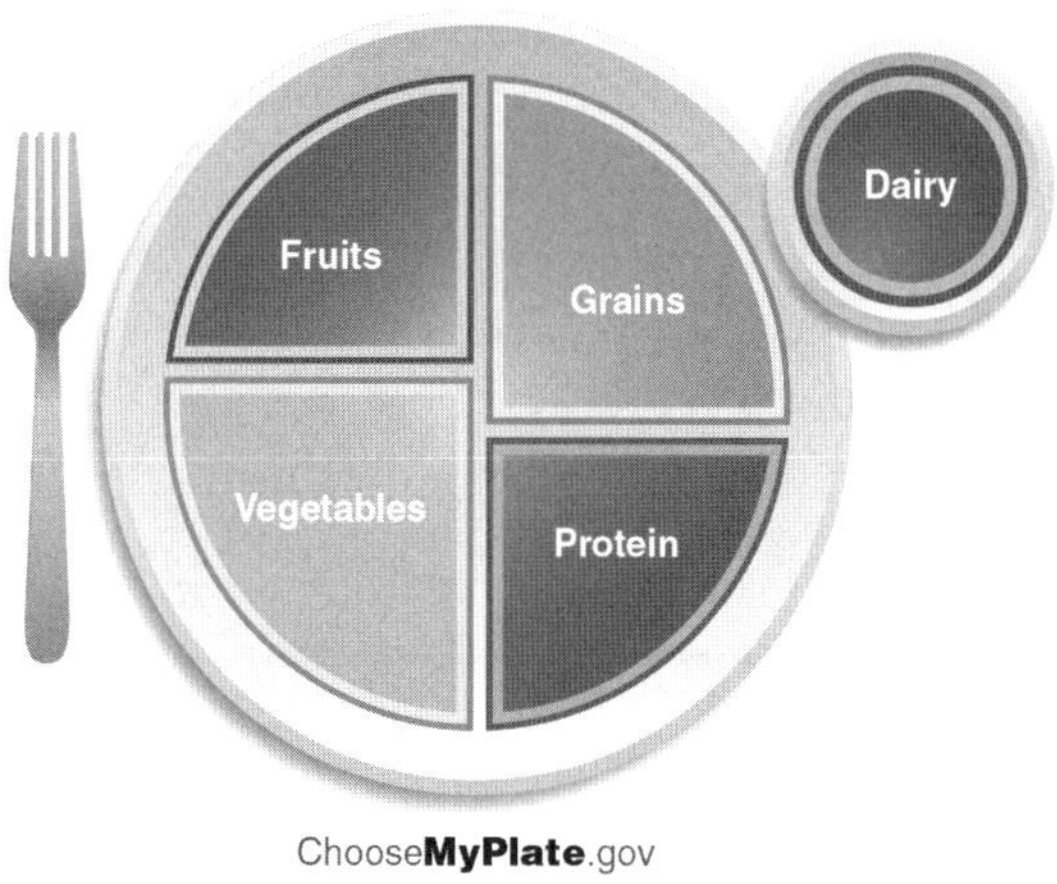

の推奨摂取量は、食事の提供量を示すＳＶ（サービング）という単位が使われていてなんともわかりにくいのですが、一日に２２００キロカロリー（プラスマイナス２００キロカロリー）摂る場合、穀類４００グラム、野菜３５０グラム、肉・魚・大豆製品１００〜２００グラム、果物１００〜２００グラム、茶・乳製品１００〜１５０グラム、海藻・きのこ・ナッツなど20〜30グラムといったところのようです。農林水産省のホームページに料理例なども含めて詳しく紹介されているので、ぜひ一度ご覧になってみてください。

アメリカの「マイプレート」のほうは、皿のなかが約30パーセントの穀物、20パーセントのタンパク質、40パーセントの野菜、10パーセントの果物で区切られ、乳製品を示すコップが添えられています。食事の半分が主食のご飯やパンと肉・魚料理、半分は野菜と果物となっていることから、とりわけ野菜の摂取を重視していることがおわかりいただけるのではないでしょうか。

また、三大栄養素の理想的なバランスとして、厚生労働省は炭水化物50〜65パーセント、脂質20〜30パーセント、タンパク質13〜20パーセントという目安を示しています。アメリカの指標と比べると炭水化物の割合が高めですが、炭水化物（糖質）は人間が活動するときのエネルギー源であり、脳に代表されるブドウ糖をエネルギー源とする臓器もあることを考えると、炭水化物

（糖質）をエネルギー源の中心に据えるのは当然のことといえるでしょう。最も肥満のリスクが低く抑えられるのは47〜64パーセントであるという調査報告ともおおむね一致しています。

## 栄養成分表示の意味と注意事項

栄養バランスを考えるとき、加工食品のラベルに記載されている「栄養成分表示」に目を止める人が多いと思います。かつては食品衛生法、ＪＡＳ法、健康増進法でそれぞれ表示基準が定められていましたが、２０１３（平成25）年に食品表示法が制定され、これが一元化されました。

表示が義務づけられている栄養素（義務表示）は、熱量（総カロリー）、タンパク質、脂質、炭水化物、ナトリウム（食塩相当量で表示）の5項目。さらに、「推奨表示」として飽和脂肪酸と食物繊維の2項目、「任意表示」としてビタミン、ミネラル、不飽和脂肪酸など30項目が選ばれています（次ページの表参照。この分類は化学的な栄養素の分類とは異なり、食品を消費する人たちが参考にしやすいように改変されています）。

ここで注意しなくてはならないのは、表示されている数値はあくまでも推定値であること。も

### 栄養成分表示（食品表示法 平成25年法律第70号）

| | |
|---|---|
| 義務表示 | 熱量、タンパク質、脂質、炭水化物、ナトリウム（食塩相当量に換算したもの） |
| 推奨表示 | 飽和脂肪酸、食物繊維 |
| 任意表示 | n-3系（ω3系）脂肪酸、n-6系（ω6系）脂肪酸、コレステロール、糖質、糖類（単糖類または二糖類であって、糖アルコールでないものに限る）、ナイアシン、パントテン酸、ビオチン、ビタミンA、ビタミン$B_1$、ビタミン$B_2$、ビタミン$B_6$、ビタミン$B_{12}$、ビタミンC、ビタミンD、ビタミンE、ビタミンK、葉酸、亜鉛、カリウム、カルシウム、クロム、セレン、鉄、銅、マグネシウム、マンガン、モリブデン、ヨウ素、リン |

消費者庁「食品の栄養成分表示制度の概要」を元に作成

ちろん数値の算定法は定められているのですが、化学的な合成のみで作られた食品を別にすれば、製造工程で使った材料のひとつひとつの成分の違いを完全に把握することはむずかしく、製造・移送・保管段階における変化も反映することができません。表示値と実測値を比較した研究によると、食品の半数以上が10〜20パーセントほど乖離していたそうです。

また総カロリーは、実験で得られた数値そのものではなく、体に取り込まれるカロリーに換算した数値（平均的な吸収率に基づくもの）が表示されています。

ですから、栄養成分表示の細かな数値の差を意識する必要はありません。もし351キロカロリーと記載されていたら、だいたい300〜400キロカロリーぐらいと大雑把に捉えることが大切です。

なお、内容量300グラムの商品の栄養成分表示が、よく見ると「100グラムあたり」となっていることがあります。こちらも要注意です。

## 日々の栄養管理について

以上をふまえたうえで、栄養素を考慮しながら一日に摂取するカロリーを計算すれば申し分ないのですが、来る日も来る日も電卓を叩くのは現実的ではないでしょう。かくいう私も、そこまではやっていません。仮にやったとしても、吸収率に個人差があるのはもちろん、食べるときの体の状態や食べるタイミングによって吸収の度合は変わりますし、調理法によって栄養素が変化することもあります。専門家ですら正確な数値を導き出すことはできないのです。

しかしながら、栄養素のバランスや摂取カロリーを自覚することは、健康を維持するうえで絶対に欠かせないことといえます。まずはむずかしく考えずに、今日食べた食事の栄養素やカロリーを意識することから始めてみてください。

たとえば、白いご飯に肉ジャガ、カボチャの煮物、マカロニサラダに奈良漬け、タマネギの味噌汁、デザートはバナナのロールケーキという献立だったとしましょう。なにも考えなかったら、「今日もおいしく食べられた」で終わってしまいますが、栄養素のことをちょっと考えると、炭水化物（糖質）の割合が多いことに気づくはずです。また、先ほど触れた菓子パンのように、思いのほか高カロリーのものもありますが、これも栄養成分表示を見れば一目瞭然。こうした確認を習慣づけると、とくに意識をしなくても、栄養素のバランスや摂取カロリーの多寡が感覚的にわかるようになってくると思います。

栄養成分表示がない食品に関しては、文部科学省のホームページで公開されている「日本食品標準成分表」を参照するといいでしょう。これが初めて作成された１９５０（昭和25）年には５３８品目でしたが、その後改訂が繰り返されて、最新の２０２０（令和２）年版（第8訂）は２４７８品目の栄養成分（可食部１００グラムあたりの数値）が記載されています。「角形食パン 耳を除いたもの」「大麦めん ゆで」「焼きおにぎり」といった身近な食品名が並んでいて、どなたにもわかりやすいのでは。同じく文部科学省ホームページ内の「食品成分データベース」にアクセスすれば、食品名で検索することもできます。

# 生活習慣病を招くカロリーの過剰摂取

## あらゆる生活習慣病のきっかけになる糖尿病

栄養素のバランスが崩れたり、摂取カロリーが増加すると、どのような弊害があるのでしょうか。最も危惧されるのは、生活習慣病の誘発です。

生活習慣病は、偏った食生活や過度の飲酒、運動不足、ストレスなどが要因になって発症する病気の総称。先天的なものではなく、加齢に応じて罹患率が上がることから、かつては「成人病」と呼ばれていましたが、成人前でも発症することがあるため、30年ほど前からこのように呼ばれるようになりました。

いわば概念ですので、その範囲に明確な定義はありません。一般的には糖尿病、高血圧症、脂質異常症、狭心症や心筋梗塞などの心臓病、くも膜下出血や脳梗塞などの脳血管障害（脳卒中）、高尿酸血症がこれに含まれます。

なかでもとくに注意が必要なのは、なんといっても糖尿病です。

糖尿病は、血糖値（血液中のブドウ糖の濃度）をコントロールするホルモン（インスリン）が正常に分泌されずに高血糖状態がつづく病気。細胞に供給されるべき糖質がうまく取り込めないまま尿によって体外へ流れ出てしまうことから、この名があります。

本章の冒頭で、細胞は常に代謝を繰り返していると記しましたが、その必要材料のひとつである糖質が細胞に取り込まれなくなると、どうなるでしょう。体を動かすエネルギーが不足するばかりでなく、血管の壁が傷んでくれば動脈硬化になり、それが要因となって狭心症や心筋梗塞、くも膜下出血や脳梗塞を引き起こしますし、体内の情報伝達を担う末梢《まっしょう》神経も異常をきたします。もちろん、血液を濾過する腎臓にも影響を及ぼすため腎不全のリスクも高まりますし、網膜の細胞が傷めば失明に至ることも――。

以上でおわかりのように、すべての生活習慣病の元をたどると糖尿病に行き着くといっても過言ではありません。糖尿病自体が命を脅《おびや》かすことがなくても、これが引き金となって死亡率の高い病気に至ってしまうのです。死を免れたとしても、腎不全によって人工透析が必要になったり、脳梗塞で半身不随の生活を強いられたりしたときのことを想像すれば、糖尿病を予防することの大切さをおわかりいただけるのではないでしょうか。

## 糖尿病の大半はカロリーの過剰摂取が原因

糖尿病は、先天的な要素が強い「1型糖尿病」と、生活習慣が要因となる「2型糖尿病」に大きく分けられ、罹患者のおよそ95パーセントが2型糖尿病だといわれています。

2型糖尿病の入り口となるのは、そのほとんどがカロリーの過剰摂取。とくに炭水化物（糖質）と脂質の摂りすぎが大きな要因となります。糖尿病の患者さんを見るとふっくらした体形をしている人が多いのが、その証拠です（糖尿病になった結果、痩せてしまう人はいますが……）。

では、どうしてカロリーの過剰摂取が糖尿病を引き起こすのでしょうか。

糖質を摂ると胃腸でブドウ糖に分解され、それが血液に入って脳や筋肉をはじめとするさまざまな細胞に分配されていき、使いきれなかった分は脂肪に変換されて体内に貯蔵されます。摂取量が多ければ余剰分も増えるのは当たり前の話。その結果どうなるかというと、答えは単純、太っていきます。その度を越えた状態が、すなわち肥満です。

ブドウ糖を細胞に分配する際には、細胞への取り込みを促進して血糖値を下げるインスリン（膵臓《すいぞう》から分泌されるホルモン）が大きな力を発揮するのですが、多量の糖質摂取によってこのインスリンを酷使すると疲弊して分泌量が減ることに加え、肥満になるとその活動を補助するアディポネクチン（脂肪から分泌されるタンパク質）も低下してしまうため、インスリンが思うように活躍できなくなります。その結果、細胞に糖をうまく取り込むことができなくなり、高血糖状態＝糖尿病に陥ってしまうのです。

厚生労働省の「国民健康・栄養調査」によると、「糖尿病が強く疑われる者」（糖尿病患者）は1000万人以上、「糖尿病の可能性を否定できない者」（いわゆる糖尿病予備軍）もほぼ同数に及ぶといわれています。年代別に見ると70歳以上が最も高く、加齢とともにリスクが高まっていくことがおわかりいただけるでしょう。

糖尿病が厄介なのは、初期の段階ではほとんど症状が出ないことです。「糖尿病が強く疑われる者」のうち、治療を受けている人の割合は76・6パーセント（男性78・7パーセント、女性74・

## 「糖尿病が強く疑われる者」と「糖尿病の可能性を否定できない者」の推計人数と年次推移

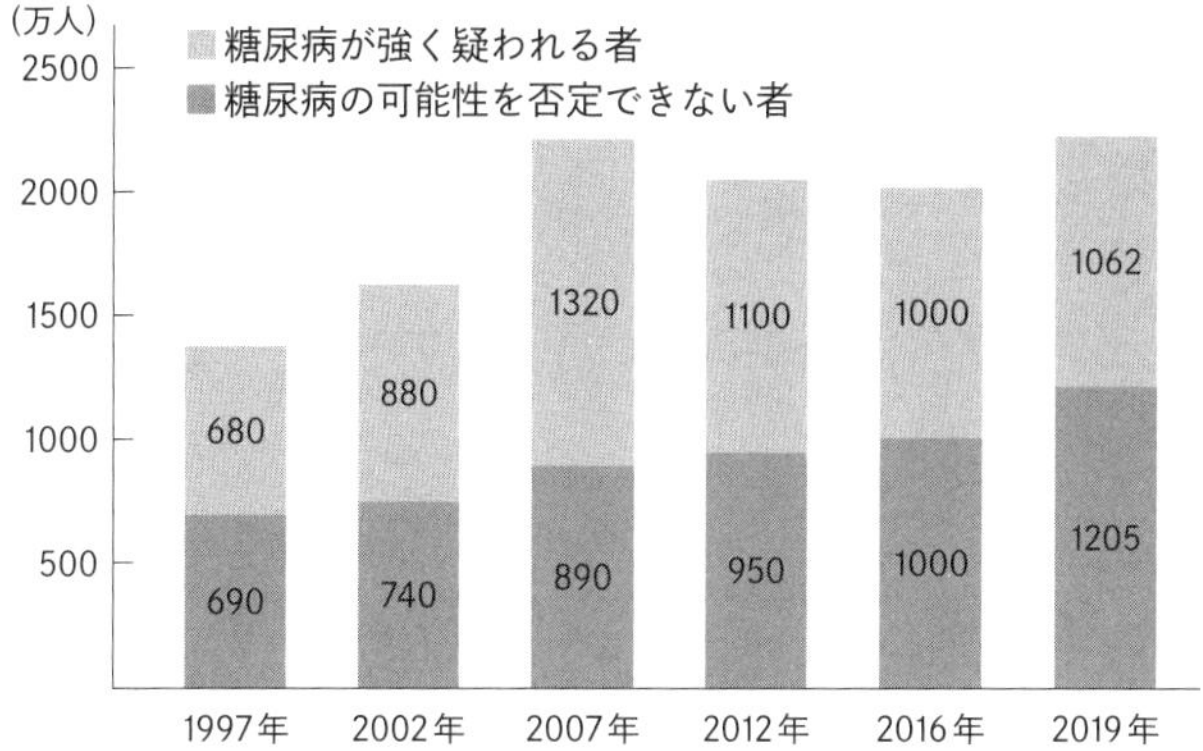


厚生労働省「平成28年国民健康・栄養調査結果の概要」を元に作成。2019年の数値は医薬産業政策研究所が試算したもの

## 「糖尿病が強く疑われる者」の年齢別割合（2019年）

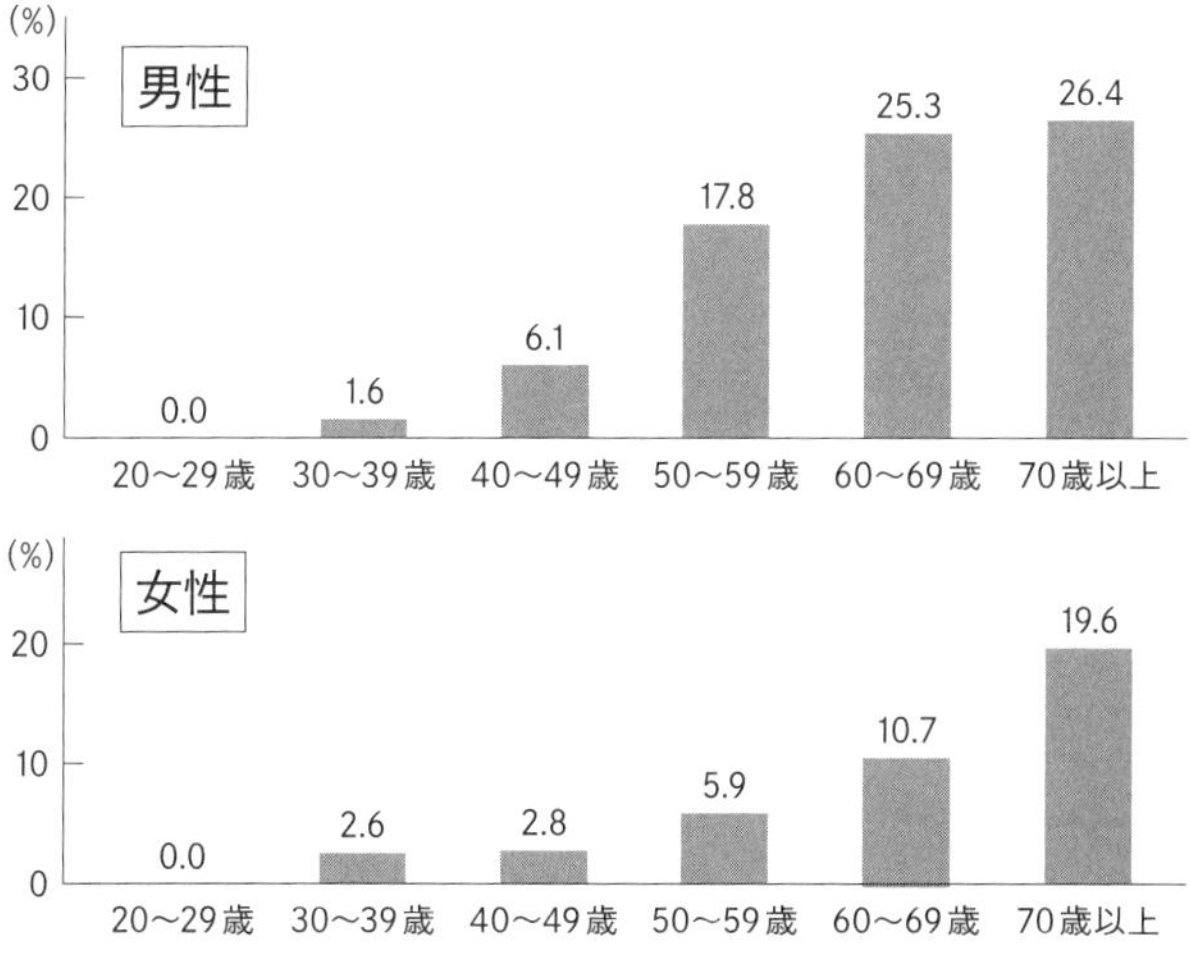


厚生労働省「令和元年国民健康・栄養調査結果の概要」を元に作成

肥満者の割合の年次推移（20歳以上）

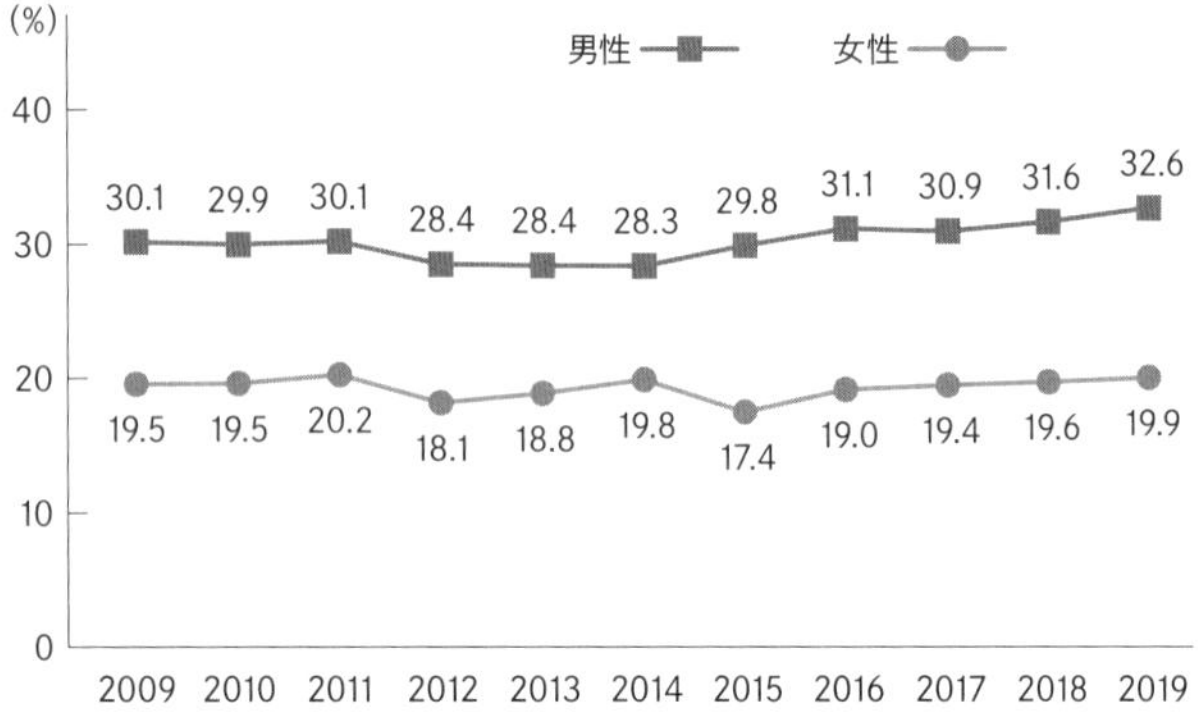


肥満者の年齢別割合（2019年）

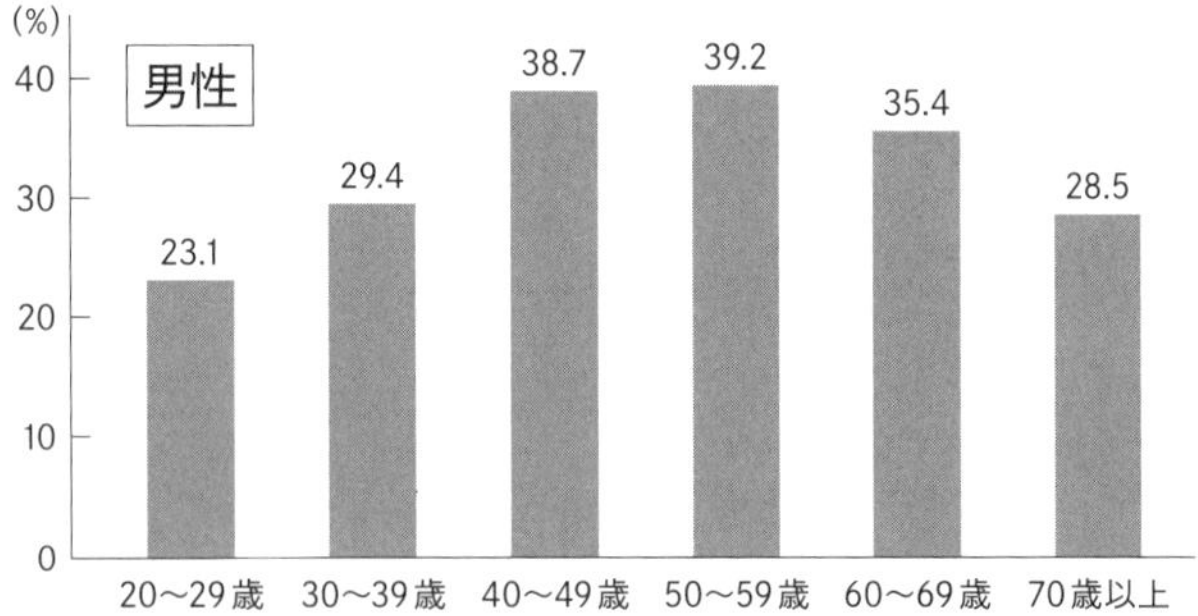


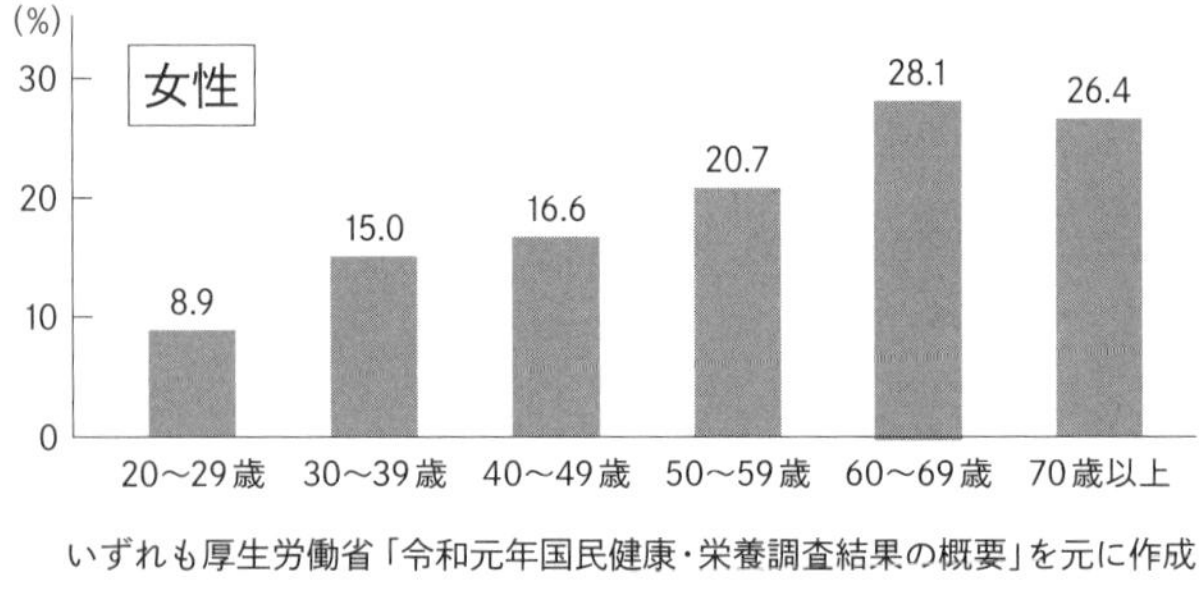


いずれも厚生労働省「令和元年国民健康・栄養調査結果の概要」を元に作成

1パーセント）とのことですから、300万人近くが潜在糖尿病患者ということになります。

また、20歳以上の肥満者の数を見ると、男性のおよそ3人に1人、女性の4〜5人に1人が該当。これだけの人が糖尿病の可能性を秘めているわけです。

## なぜカロリーを過剰に摂取してしまうのか

糖尿病患者や肥満者がこれほど多いのは、もちろん個人個人の生活習慣が及ぼす影響が大きいのですが、じつはそれだけが原因なのではなく、現代の飽食社会が引き起こしている現象ともいえます。文明の進歩に人間の体が追いつかなくなっている、といえばわかりやすいでしょうか。

そもそも人間の体は飢餓に強いように作られています。つまり、燃料補給を怠っても故障しないように設計されているということ。毎日3回、定期的に燃料を補給することはコンセプトに入っていないのです。そこへ溢れるほど燃料を入れたらどうなるでしょう。当然のことながらなにかしらの異常が生じてきます。

このことは、1万年前の食生活と比較してみると、簡単に解き明かせます。1万年前といえば縄文時代。狩猟と採集のみで食糧を確保し、まだ農耕は始めていないという時代背景です。

人びとは森に入って木の実を拾い、イモを掘り、ときには野山を駆けめぐってイノシシやシカを仕留めたり、海や川の近くなら魚も獲ったりしながら日々の食事を賄《まかな》っていました。

しかし、かならずしも求めるものに出会えるとは限りません。なにも収穫がないときは手近な草を食べて飢えをしのぎ、それすらも叶わずに食いっぱぐれになる日もあったことでしょう。そして、こうした過酷な状況に耐えられる人が生き残った末に、人体の構造が確立されたのです。

また、当時はまだ製塩、製糖技術がなかったので、塩分は動物の内臓などから、糖分はイモや果実に含まれるわずかなものから摂っていました。もし塩や砂糖があったら、あまりのおいしさに飛び上がったのではないでしょうか。こうした稀少なもの（甘いものや塩辛いもの）ほどおいしく感じるというDNAも、このとき人間の体にしっかり植えつけられたのだと思います。

人体の構造が1万年前と変わっていないことは、先に触れたインスリンを見ても明らか。これは血糖値を下げる唯一のホルモンですが、上げるホルモンはグルカゴン、成長ホルモン、グルココルチコイド、カテコールアミン（アドレナリン、ノルアドレナリンなど）など複数備わっています。つまり、血糖値が上がったときに下げるのは予備の手段にすぎず、下がったときに上げるほうに重きを置いた仕組み――いってみれば縄文人仕様になっているというわけ。余分な糖質を脂肪に変換して貯蓄するという仕組みも、またしかりです。

縄文時代以降1万年のあいだに、人びとは農耕を始め、米などの穀類（炭水化物）を主食とする食生活に移行しました。調味や保存のために塩を使うようになり、さらに味噌や醤油、砂糖といった調味料も加わっていって、毎日3回食事を摂るという習慣も根づいていきます。生活が豊かになるのは素晴らしいことですが、言い方を変えれば、人間の体には不要なものをせっせと作りつづけたことにもなるでしょう。

近代に入ると、西洋から肉を食べる文化が流入し、食生活はさらに多様化。それでもどちらかというと栄養摂取不足の傾向にあり、とくに第二次世界大戦後はアメリカの占領軍も日本政府も最低限の栄養確保に力を注いだのですが、高度経済成長期を経て、ついに限界が来たのが現代の飽食社会。こってりしたラーメンやジャンクフード類といったいかにも体に悪そうなものばかりでなく、サシの入った柔らかい牛肉や糖度の高い果物といった美味を希求して作り上げられたものを、なにも考えずに食べていると、知らず知らずのうちにカロリーの過剰摂取となって、糖尿病をはじめとする生活習慣病を引き起こしてしまうようになったのです。

人間の体を出入りするものは、空気と食べ物（飲み物）しかありません。これを運動によって消費するという、極めて少ない要素によって人間の体はバランスを取っています。つまり、健康を保つためには飲食と運動に気を配るしか方法がないといえるでしょう。

病気のなかには予防できないものも多くありますが、生活習慣病は自らの力で防ぐことができます。それにはカロリーの摂取量を意識的にコントロールする必要がありますが、このとき縄文人の生活に立ち返って考えれば、おのずとヒントが見えてくるのではないでしょうか。

■コラム①

## 糖尿病と診断されてしまったら

糖尿病になると、医師は血糖値をコントロールする薬を処方します。これで血糖値が必要以上に上がらないようにするのですが、忘れてはならないのは、この薬は日常生活のときを前提としていること。登山のように血糖値を上げなくてはならない激しい運動をすると、薬の効果で血糖が上がらないばかりか、下がりすぎて低血糖状態に陥ってしまいます。

軽度の低血糖なら糖質を摂ることで対処できますが、それで間に合わないとどうなってしまうでしょうか。必要な糖質が脳に届かなくなるため網膜細胞も活動できなくなり、目の前が真っ暗になって意識を失うことに――。また、合併症を誘発する場合もあり、ちょっとした脱水で腎臓が機能しなくなったり、とくに動脈硬化で血管が詰まりやすくなっている人は、脳梗塞や心筋梗塞を起こすこともあります。

中高年登山者の滑落死傷事故が後を絶ちませんが、じつのところその原因をはっきりと特定することはできません。多くは疲労（または加齢による体力低下）によって足腰が支えきれなくなったり、注意を怠って足を滑らせたりするものだと思われますが、低血糖によるなにかしらの不具合が原因となっていることも少なくないのではないでしょうか。危険度の低い箇所での事故は、とくにその可能性が高いといえます。

糖尿病の入り口にいる人、もしくは症状が安定している人にとって、負荷が少なめの登山は申し分のないの改善法です。しかし、低血糖で命を落としては本末転倒。症状が進んでいる場合は、かならず医師に相談のうえ、登山の可否を仰ぐようにしてください。

第2章

# 日常の食事術

登山に適した体をつくる

# 肥満防止のための食事術

## さまざまな肥満のリスク

カロリーの過剰摂取による肥満が生活習慣病の引き金になることは、前章に記したとおりですが、肥満の弊害はこれだけではありません。脂質が肝臓に蓄積して機能障害（脂肪肝）を引き起こしますし、肺が外側から圧迫されて呼吸器疾患（無気肺など）にも陥ります。新型コロナウイルス感染症の重症者は肥満者が多く、死亡率も高かったことがその好例です。

登山をする際にも、いろいろと不都合なことがあります。

その第一として挙げられるのは、体重に比例して登るために必要なエネルギー量が増えること。テント泊登山などで荷物が重くなると歩行ペースはおのずと落ちるものですが、肥満の人は常に重いザックを背負っているのと同じことになるのです。

ここで問題。20キロの重荷を背負った体重60キロの人と、空身の80キロの人が一緒に登ったとします。同じ身長だとすれば、理論的には消費カロリーは変わりません。さて、どちらのほうが楽に登れるでしょうか。答えは前者。疲労度は空身の80キロの人のほうが高くなります。

背中に重荷を背負った60キロの人は、肩から腰にかけてのみ荷重がかかり、ザックの性能が上がっていることも手伝って効率よく体を動かせますが、80キロの人は空身とはいえ全身に満遍なく重りをつけているようなものですから、どうしても動作がぎこちなくなります。すると余計な筋肉を使うため酸素の消費量が増え、お腹の横隔膜を大きく動かしながら登ることに——。これによって疲労度が増してしまうわけです。

同じ条件で登ったとしても、とかく太っている人のほうが息切れしがちなのは、同様に酸素消費量の増加が原因。高山病になりやすいといわれるのも、肥満になると呼吸器の活動が衰え、過酷な状況によってその影響が顕著に現れるからです。

また、下山時に腰や脚へかかる衝撃が大きくなるので、腰痛や膝痛、足関節の障害が起こりやすくなります。よく膝痛の解消法として歩き方の改善や筋力強化が推奨されていますが、肥満も大きな要因であることを忘れてはなりません。心当たりのある人は、自分の体重を改めて見直し、もし肥満に該当した場合は、まずはこれを解消するのが膝痛回避の近道ともいえるでしょう。

## ＢＭＩで自分の体形をチェック

皆さんの体が肥満であるか否かを知りたいとき、よい指標となるのがＢＭＩ（ボディマス指標 body mass index）。これはベルギーの統計学者アドルフ・ケトレーが２００年近く前に提唱した伝統ある指標で、身長に応じた適正体重や肥満度が簡単な計算で判定できます。

計算式は左ページのとおり。この数値が18・5未満なら「低体重」、18・5～25未満なら「普通体重」、25以上なら「肥満」と日本肥満学会は定義していますが、登山のことを考えれば20～22のあいだが理想的。23を超えると、急な登りで体が重く感じるようになるはずです。

ＢＭＩ値20の体重は「身長（ｍ）×身長（ｍ）×20（ＢＭＩ値）」で求めることができます。身長１７０センチの場合、ＢＭＩ値が20～22に入るのは57・8～63・6キロ。実際に計算してみると、これを超えている人が少なくないのではないでしょうか。

## BMIの計算法

体重(kg) ÷ 身長(m) ÷ 身長(m)

| BMI値 | 判定 |
|---|---|
| 18.5未満 | 低体重 |
| 18.5～25.0未満 | 普通体重 |
| 25.0以上 | 肥満 |

## BMI早見表（日本肥満学会の判定基準）

| | | 低体重 | 普通体重 | 肥満 | 適正体重 (BMI=22) |
|---|---|---|---|---|---|
| 身長 | 150cm | ～41.6kg | 41.7～56.2kg | 56.3kg～ | 49.5kg |
| | 152cm | ～42.7kg | 42.8～57.7kg | 57.8kg～ | 50.8kg |
| | 154cm | ～43.8kg | 43.9～59.2kg | 59.3kg～ | 52.2kg |
| | 156cm | ～45.0kg | 45.1～60.7kg | 60.8kg～ | 53.5kg |
| | 158cm | ～46.1kg | 46.2～62.3kg | 62.4kg～ | 54.9kg |
| | 160cm | ～47.3kg | 47.4～63.9kg | 64.0kg～ | 56.3kg |
| | 162cm | ～48.5kg | 48.6～65.5kg | 65.6kg～ | 57.7kg |
| | 164cm | ～49.7kg | 49.8～67.1kg | 67.2kg～ | 59.2kg |
| | 166cm | ～50.9kg | 51.0～68.8kg | 68.9kg～ | 60.6kg |
| | 168cm | ～52.2kg | 52.3～70.5kg | 70.6kg～ | 62.1kg |
| | 170cm | ～53.4kg | 53.5～72.2kg | 72.3kg～ | 63.6kg |
| | 172cm | ～54.7kg | 54.8～73.9kg | 74.0kg～ | 65.1kg |
| | 174cm | ～55.9kg | 56.0～75.6kg | 75.7kg～ | 66.6kg |
| | 176cm | ～57.2kg | 57.3～77.3kg | 77.4kg～ | 68.1kg |
| | 178cm | ～58.5kg | 58.6～79.1kg | 79.2kg～ | 69.7kg |
| | 180cm | ～59.9kg | 60.0～79.9kg | 81.0kg～ | 71.3kg |
| | 182cm | ～61.2kg | 61.3～82.7kg | 82.8kg～ | 72.9kg |

私が主宰する「健康登山塾」で参加者81名（身長152〜179センチ、体重43〜95キロ）のBMIを分析したところ、その幅は17・6〜33・2で、平均値は22・2でした。参加者はトレイルランニングを目指す人から山登りを始めたばかりの人まで多岐にわたりますので、当然BMIの幅も広がるのですが、それにしても肥満に傾き気味なことがわかります。

## ――肥満を予防・解消するために――

肥満を予防・解消する方法はただひとつ、摂取カロリーをコントロールすることしかありません。もしBMIが肥満に該当したら、摂取カロリーが消費カロリーを上回らないように少しずつ減らしていく必要があります。もちろん、運動をして消費カロリーを増やすことも重要ですが、その場合も摂取カロリーが上回ってしまったら、せっかくの運動がまったく無意味なことになってしまうでしょう。肥満を予防する場合も、またしかりです。

少しずつというのは、いきなり極端に減らしてしまうと体が動かなくなってしまうから。肥満の人は、重たい体を動かさなくてはならないため、正常な体形の人より多くのエネルギーを要します。太っている人がたくさん食べるのは、いわば当たり前の話。それゆえ、運動量を増やすためのエネルギーを維持しつつ、少しずつ減らしていく必要があるのです。

それに、体重は一夜にして減らせるものではなく、減ったとしても意味がありません。ボクサーや柔道選手が試合前の計量に向けて体重を急激に減らすことがありますが、あれは体に蓄えている水分を極限まで絞るため。よく雑誌のダイエット特集などで「3日間でこんなに痩せる！」といった謳い文句を目にしますが、こちらも同様の手法です。体内の水分は出入りが激しいため、その原理を利用すれば誰でも一時的に体重を落とすことはできるのですが、元の生活に戻れば体重もたちまち元どおりになります（これがいわゆるリバウンドです）。

## 3か月をスパンに計画を立てる

少しずつ摂取カロリーを減らしていっても、その結果はすぐ目に見えては現れませんので、できれば毎日体重を測って、それを記録するといいでしょう。そして、その日の運動量や食べる量によって前日より増えることも減ることもあると思いますが、それで一喜一憂するのではなく、

3か月をひとつのスパンとして目標を立てることをおすすめします。というのは、体を構成するすべての細胞が入れ替わるのにだいたい3か月かかるから。細かな上下を繰り返しながら体重がゆるやかに減少していって、その結果3か月後に1～2キロ減っていてこそ、本当の意味で肥満解消の効果が現れているといえます。もし5キロ以上減らさなくてはならない場合は、少なくとも半年以上かかることを覚悟してください。

また、体重を測る時間も大切。起床後、入浴後、就寝前など、そこはお好みで構いませんので、かならず同じシチュエーションで測るようにしてください。これは、一日のなかでも時間や状況によって体重が変化するからにほかなりません。少しでも減った数字を見たくなるのが人情ですが、あえて食後に測って自らを律するのも一案です。

## 炭水化物と脂質を控えめにする

仮に摂取カロリーを減らすことができたとしても、余れば貯蔵に回る炭水化物（糖質）と脂質の割合が高ければ、肥満解消の効果は期待できません。どんなに摂取カロリーが少なくても、炭水化物に偏っていると貯蔵量が減るどころか増えるばかりになってしまいます。

だからといって、炭水化物をまったく断ってしまうのも考えもの。脂身が多いからといって肉を控えてしまうのも問題です。第1章に記したように、どんな栄養素にもそれぞれ役割があり、不要なものはひとつもないからです。

では、どのようなものを食べたらいいのでしょうか。そのヒントは、先に説明した縄文時代の食生活に隠されています。

1万年前にはまだイネ（米）などの穀物はなかったため、炭水化物は木の実や木の根などから摂り、ときどき肉や魚を食べてタンパク質やカルシウムを補っていました。縄文時代の食事を栄養学の観点で分析した研究資料を見ると、ビタミンとミネラル（マグネシウム）の割合が圧倒的に高かったようですが、これは野草や山菜を食べていたからでしょう。それでいて一日2000キロカロリーに達していたとのことですから、摂取カロリーは現代人と変わりません。余分な脂肪は一切なく、筋骨隆々の体つきをしていたともいわれています。

このことから考えると、ビタミンやミネラルを多く含む野菜や海藻に重きを置いた食生活にして、体を構成するためのタンパク質やカルシウムもしっかり摂りながら、炭水化物は必要最小限にとどめておくと、縄文人の体に近づく――つまり肥満解消につながる、ということになります。

また、縄文人は食糧を得るために狩猟や採集をしなくてはならないので、必然的に体を動かしていました。今日はこちらの川へ、明日はあの山の向こうへといった具合に、方々を駆けずり回ったことでしょう。しかし現代人はというと、スーパーマーケットへ足を運ぶだけでなんでもまとめて入手できますし、モータリゼーションや通信販売の発達で買い物にさえ体力を使わなくなっています。これで同じカロリーを摂っていたら太って当然。食生活の改善と適度な運動を両立させなくてはならないというのは、まさにこのことを指しています。

## 満腹感をコントロールする

野菜や海藻に重きを置いた食生活にすると、ボリュームが増すことによって摂取カロリーが抑えられるという利点もあります。茶碗1膳のご飯とサラダボウルいっぱいの野菜を比べてみれば一目瞭然。体積あたりのカロリーは前者のほうが高い（つまり効率がよい）ため、同じ時間をかけて食べた場合、後者（効率が悪い）のほうが摂取カロリーを抑えられるというわけです。

人間の体は、細胞に栄養素が足りなくなると空腹感を覚え、栄養素が充足されると満腹感に満たされるようにできています。ここで気をつけなくてはならないのは、胃腸で消化されて細胞に届くまでにはタイムラグがあること。効率のよいものばかりを食べていると、満腹と感じる前に必要量以上のものが胃に溜まってしまいます。

効率のよいものといえば、その最たるものは飲み物です。コーラ飲料やスポーツドリンクによる肥満が問題視されていますが、これは短時間で糖質を大量に摂取できてしまうことが原因。コーラ飲料に糖質が多いことは想像に難くありませんが、スポーツドリンクも思いのほか糖質が多く含まれていて、一日に2リットル飲んでしまうような人は注意が必要でしょう。いかにも

**飲料に含まれる**
**炭水化物(糖質)量**(100mlあたり)

| 商品名 | |
|---|---|
| コカ・コーラ（日本コカ・コーラ） | 11.3g |
| 明治ブルガリアのむヨーグルト 甘さひかえめ（明治） | 10.7g |
| トロピカーナ100％アップル（キリン） | 10.4g |
| C.C.レモン（サントリー） | 10g |
| 十六種類の野菜（世田谷自然食品） | 7.06g |
| ポカリスエット（大塚製薬） | 6.2g |
| 農協牛乳（協同乳業） | 4.95g |
| 極の青汁（サントリーウエルネス） | 1.64g |

各社ホームページ記載の数値を換算。
砂糖10gは大さじ1に相当する

体によさそうな野菜ジュースや青汁も、けっこう砂糖が入っているので飲みすぎには要注意。果汁100パーセントのジュースも、糖質が多く含まれていることを見逃しがちです。

このときも、縄文人のことを思い浮かべてみてください。縄文人は意図的に甘みを加えることはできませんでしたし、蜜のいっぱい入ったリンゴや、酸味を抑えたミカンなど、当時は自然界に存在しなかったのです。

反対に、効率の悪いもの――たとえばコンニャクばかりを食べてダイエットをする人がいますが、コンニャク自体に脂肪を削ぎ落とす効果はなく、ただ疑似満腹感を与えているだけにすぎません。偏った食事をするより、いろいろなものを少しずつ食べて胃を満たしたほうが、健康増進には効果的です（このことは後ほど詳しく記します）。

なお、肥満解消の指南書などで白米よりも玄米や五穀米のほうがいいといわれているのは、ちょっと意味合いが異なります。よく噛まないと飲み込めないようなものは、消化に時間を要するため、細胞へエネルギーがゆっくりと継続的に供給されていきます。すると満腹感が持続して、なかなか空腹になりません。消化の早いものは食べてすぐに当座のエネルギーを賄《まかな》えますが、再びお腹が空いてくるのも早くなって、結果的にカロリー摂取量が増えてしまうのです。

このように、満腹感と空腹感は食べた分量に比例しないことを覚えておくと、肥満解消への道のりが縮まるのではないでしょうか。

ちなみに、「食べてすぐ寝ると牛になる」という諺《ことわざ》がありますが、これは太ってしまうことを戒めるものではなく、反芻《はんすう》（一度飲み下した食べ物を口の中に戻し、嚙み直して再び飲み込むこと）をする牛の習性になぞらえたもので、食べたものが消化されきっていない状態で横になると、逆流性食道炎を起こしやすくなることを表しています。若い人は問題ないのですが、齢を重ねると胃の入り口の筋肉が緩むため、胃酸などが食道を逆流して粘膜が炎症を起こしてしまうのです。これを防ぐためには、床に就くのを食後2時間以上経ってからにするといいでしょう。もしソファーに寝転んでテレビを観たりする場合は、30度くらい頭を上げておいたほうが安心です。

## 間食はできれば避けるように

さらに肥満の原因として挙げられるのが間食。登山のように短時間で多くのエネルギーを消費する場合は途中で補給が必要になりますが、日常生活ではそこまで頻繁にカロリーを摂る必要はないはず。たいていは三度の食事で一日に必要なカロリーを充分に賄えるため、口淋しいからといって間食をしていると、それは余剰分として体内に蓄積されてしまいます。

また、炭水化物（糖質）が吸収される際に分泌されるインスリンは、酷使すると疲弊してしまい、それが糖尿病の要因となることは先に記したとおり。そもそも定期的に食事を摂ること自体が生物としては極めて特殊な状態であると考えれば、インスリンにときどき休養を与えたほうがよいのは当然のことでしょう。

とはいえ、間食は気分転換には打ってつけですし、どうしても我慢できないこともあるでしょう。そのような場合は、できるだけ炭水化物（糖質）を避けるなど、摂取カロリーやインスリンのことを意識するようにしてください。もちろん、飲み物にも同様のことがいえます。

## 脂質も必要不可欠

ダイエットというと、とかくコレステロールなどの脂質を目の敵《かたき》にしがちですが、問題となるのは過剰に摂取することで、脂質自体は体にとって必要不可欠な役割を担っています。

その第一は、水分の多い体のなかの仕切りとなる細胞膜の材料になること。脂質を断つことの弊害は、新体操やフィギュアスケートといった審美系と呼ばれるスポーツの選手たちの例を見ればおわかりいただけるのではないでしょうか。審美系スポーツは太っていると点数が下がる傾向があるため、とくに女子中高生の選手を育成する指導者が厳しい食事制限を課します。すると脂質を完全に断ってしまう選手が現れ、傷が治りにくくなる、貧血がひどくなる、生理が止まってしまう、といったさまざまな症状が出てくるのです。

また、脂肪に含まれるコレステロール類やリン脂質などは、情報伝達機能に欠かせないもので、不足すると生体機能を正常に維持できなくなります。

そして、断熱材や緩衝材としての役割もあることはご想像のとおり。人間を含む脊椎《せきつい》動物は寒い季節になると脂肪を蓄えて体温調節を図ります。これを必要以上に蓄えすぎた状態が肥満であることは、改めて説明するまでもないでしょう。

この脂質は、化学構造の違いによって単純脂質、複合脂質、誘導脂質に分けられますが、ちょっと難解ですので覚えなくても構いません。ひとつだけ知っておきたいのは、脂質を栄養素として見るときに重要な脂肪酸（誘導脂質の一種）のことです。

## 主な飽和脂肪酸

| 名称 | 多く含まれる食材 | 主な機能 |
|---|---|---|
| 酢酸 | 食酢 | エネルギー源、肥満抑制、糖尿病予防 |
| 酪酸 | バター、チーズ | エネルギー源、腸内細菌調整、免疫機構維持 |
| ラウリン酸 | 牛乳、パーム油、ヤシ油 | エネルギー源、腸内細菌調整、免疫機能向上、創傷治癒促進 |
| パルミチン酸 | 牛脂、豚脂、パーム油 | エネルギー源、コレステロールの産生 |
| ステアリン酸 | 牛脂、豚脂、ココアバター | |

脂肪酸は、炭素のつながり方によって飽和脂肪酸と不飽和脂肪酸の2種類に分けられ、後者はさらに一価不飽和脂肪酸と多価不飽和脂肪酸に二分されます（25ページの図参照）。

このうち、多価不飽和脂肪酸は、脂溶性ビタミン（水に溶けにくく油・脂に溶けやすいビタミン。詳しくは後ほど）の吸収率を高める役割も持っているのですが、体内では合成できないため、食べ物から直接摂らなくてはなりません。そのため、「必須脂肪酸」と呼ばれています。これらは植物油に多く含まれていますが、主に植物を食べていた縄文人は取り立てて追加する必要がなかったので、人間の体には合成する機能が備わっていないのです。

この必須脂肪酸のうち、ω《オメガ》3系は魚、シソ、荏胡《えご》

## 主な一価不飽和脂肪酸

| 名称 | 多く含まれる食材 | 主な機能 |
|---|---|---|
| オレイン酸 | ひまわり油、オリーブオイル、ナッツ類 | コレステロール値低下、循環器系疾患リスク軽減 |
| バルミトオレイン酸 | マカダミア油、シーバックソーン油、その他植物油、魚介油 | インスリン感受性改善、糖尿病予防、肥満予防 |

## 主な多価不飽和脂肪酸（必須脂肪酸）

| | 名称 | 多く含まれる食材 | 主な機能 |
|---|---|---|---|
| ω6系脂肪酸 | リノール酸 | ひまわり油、大豆油、コーン油 | コレステロール低下、動脈硬化予防 |
| | γ《ガンマ》リノレン酸 | 月見草油、カラスミ、ニシン | 糖尿病予防、高血圧予防、コレステロール低下、アレルギー予防 |
| | アラキドン酸 | 豚レバー、卵黄、サワラ、カラスミ | 免疫機能調節、ホルモン合成、脳機能発達・維持 |
| ω3系脂肪酸 | α《アルファ》リノレン酸 | シソ、胡麻、菜種油、クルミ | アレルギー予防、ガン予防、心臓・血管系疾患予防 |
| | EPA（エイコサペンタエン酸） | サバ、アジ、サケ、ウナギ、あん肝 | 血栓症予防、動脈硬化防止、アレルギー予防 |
| | DHA（ドコサヘキサエン酸） | マグロ、サバ、アジ、ウナギ、あん肝 | 高脂血症予防、高血圧予防、脳機能改善 |

## シス型脂肪酸とトランス型脂肪酸

| 名称 | 多く含まれる食材 |
|---|---|
| シス型脂肪酸 | 魚　植物油 |
| トランス型脂肪酸 | 牛、羊、ヤギなど反芻動物の脂<br>マーガリンやショートニングなどの脂質加工品 |

麻《ま》などに多く、ω6系は大豆油、コーン油、胡麻油、紅花油、ヒマワリ油、クルミなどに多く含まれます。必須脂肪酸が欠乏すると、皮膚や毛髪の異常、肝機能障害、免疫機能低下、血栓形成異常、血小板減少、成長発達障害、神経機能異常などが起こるので注意が必要です。

また、不飽和脂肪酸は炭素のつながり方の違いで、シス型脂肪酸とトランス型脂肪酸の二つにも分類できます。説明が煩雑になるので詳細は割愛しますが、トランス型脂肪酸は固形化しやすいうえ、血栓を抑えるHDLコレステロールの値を下げてしまう作用もあり、これが心疾患の要因となることが多いため、こちらも注意が不可欠です。脂質を摂るときは、同様に固形化しやすいもののHDLコレステロール値は下げない（血栓になりにくい）飽和脂肪酸や、液状のシス型不飽和脂肪酸を含むものを選んだほうがいいでしょう。

## BMIが低い人は？

脂質にはもうひとつ、使いきれなかった栄養素をエネルギー源として蓄えるという重要な役割があります。長期にわたって栄養素が摂れない状態がつづき、すぐさま利用できる糖質などのエネルギー源が枯渇すると、貯蔵していた脂肪を徐々に分解してエネルギー不足を補う——人間の体はこのように作られているのです。脂肪は糖質やタンパク質より効率よくエネルギーを貯蔵できるので（糖質とタンパク質は1グラムあたり4キロカロリー、脂質は9キロカロリー）、糖質を軽量な脂肪に変換して保持するようになったと考えられています。

現代では、縄文時代と違って何日も食べられないことはまずありませんので、なにも考えないで三度三度の食事を摂っていると、本来は非常用であるはずの脂肪がどんどん蓄積していきます。これが行きすぎた状態が肥満であることは先に記したとおりで、生活習慣病を防ぐ意味でも一刻も早く解消する必要がありますが、反対に蓄えが少なかった場合はどうでしょうか。つまり、BMI値が低くて「低体重」と判定された場合です。

山登りでは、体重が軽ければ軽いほど消費エネルギーが少なくなるので有利なのですが、山のなかに入るということは、なんでも自由に手に入る文化的生活から距離を置く——つまり縄文時代の環境に戻すことを意味します。つつがなく下山できれば問題はありませんが、万が一、不測の事態に陥った場合、縄文時代と同じ環境となると自らの力のみで生命を保たなくてはなりません。そのときは、当然のことながら蓄えが多いほうが有利になります。

だからといって、低体重から抜け出すために炭水化物や脂質の摂取量を増やしていくと、摂りすぎになる可能性も否めず、その弊害のほうが深刻といえます。ですから、無理に体重を増やそうとせず、現状維持、もしくはさらに体重が減らないよう、摂取カロリーに留意する程度でいいのではないでしょうか。

■コラム②

## なぜ中年太りをしてしまう？

体重が増加してきても「中年太りだから仕方がない」と諦めて、なんの対処もしない人が多いように見受けられます。しかし、歳を重ねるにつれて太るという公式はありません。摂取カロリーが基礎代謝を大きく上回ることによって太る傾向が高まるのです。

基礎代謝とは、人間が生命を維持するために最低限必要なエネルギー量のこと。たとえじっとしていても、呼吸をしたり、内臓を機能させたり、新たな細胞を作ったりするため

年齢別に見たエネルギー消費量（基礎代謝と活動の合計）

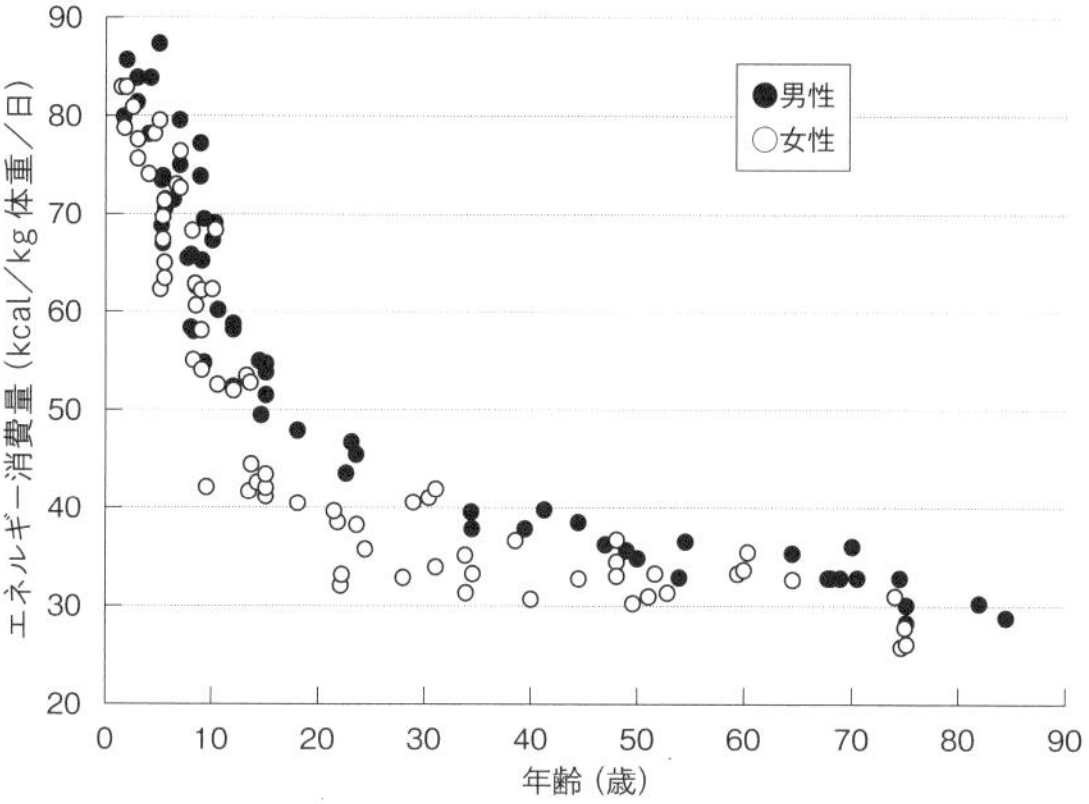


厚生労働省「日本人の食事摂取基準」（2020年版）より

に人間の体はカロリーを消費します。

この基礎代謝は、体を構築するための細胞分裂が活発になる発育時が最も高く、それ以後は右肩下がり。このことを理解せずに若いときと同じ食生活をつづけていれば、歳を重ねるごとにカロリー摂取量と基礎代謝とのマージンが広がっていくわけですから、過剰分が増える（脂肪が溜まる）のは当然のことといえるでしょう。運動量が減れば、さらにその差は広がっていきます。

ですから、肥満を防止するためには、年齢に応じて摂取カロリーを減らしていくことも大切。これを意識するか否かによって、結果は大いに違ってくるはずです。

# 筋力・骨格強化のための食事術

## 筋力の低下を食い止める

末永く登山をつづけるためには、生活習慣病の要因となる肥満の防止が最重要課題であること、よくご理解いただけたと思いますが、もうひとつ大切なことがあります。それは筋力の低下を食い止めること。もしBMIが理想値だったとしても、しっかりと歩く力が備わっていなければ、当然ながら山に登ることができないからです。

人間の筋肉量は、加齢とともに減少していきます。残念ながら、こればかりは防ぎようがありません。どんなに努力しようとも、無慈悲にも下降線をたどってしまいます。

しかし、減少具合を抑えることはできます。左ページのグラフでご覧のように、筋肉量は30代

## 加齢による筋肉量の変化

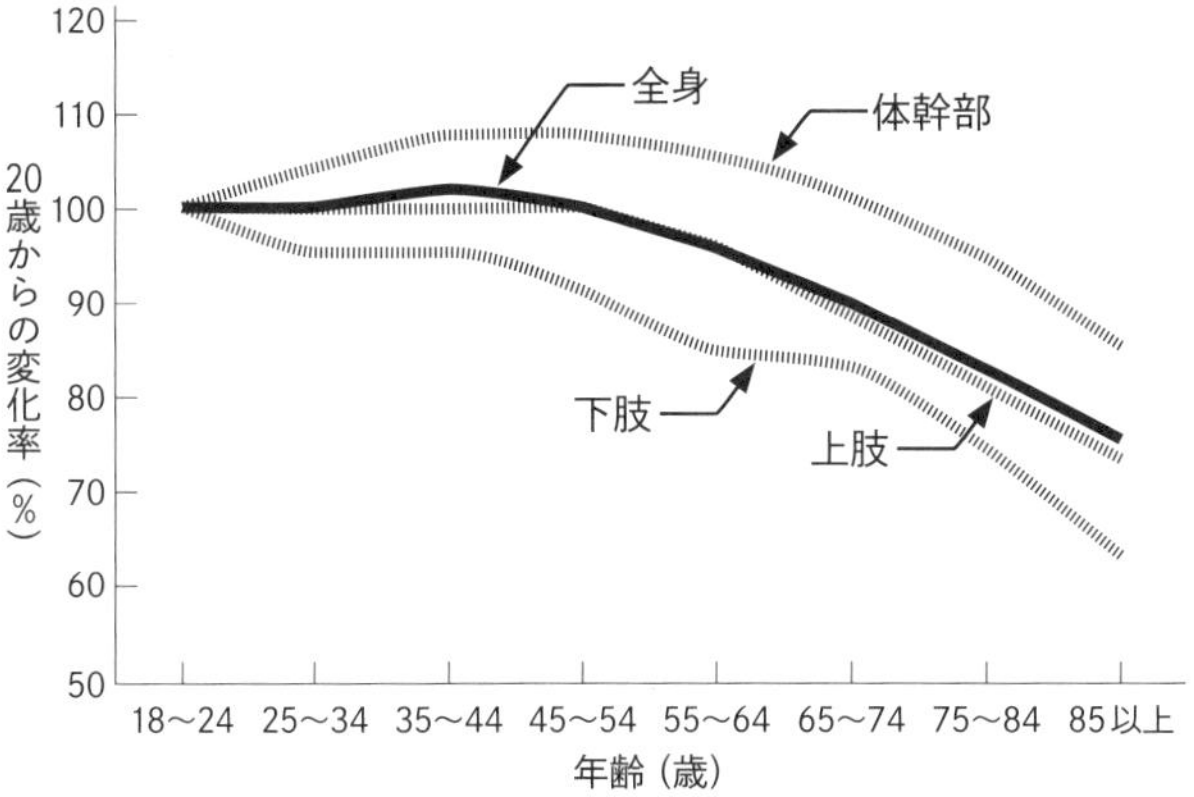


谷本芳美ほか「日本人筋肉量の加齢による特徴」
（「日本老年医学会雑誌」2010年1号）を元に作成

ぐらいをピークにゆるやかな右肩下がりになっていき、80代を迎えると半分くらいになってしまうのですが、このグラフの角度を1度でも上向きにしたと考えてみてください。短期的に見れば微々たる差だったとしても、10年経てば相当な違いになること、容易にご想像いただけるのではないでしょうか。

加齢による筋力の衰えは自覚しやすいこともあって、日々ウォーキングに励んでいる人も多いことと思います。歩くことは筋力の低下を食い止めるうえでは極めて有効で、これに週1回（少なくとも月1回）の登山を加えれば申し分ない――といいたいところですが、じつは、それだけでは足りません。疲れた筋肉を回復させ、さらに強化していくための栄養素を取り入れる必要があります。その役割を担う栄養素はタンパク質。炭水化物（糖質）を機械の燃料とすれば、タンパク質は機械を構成する資材に相当しますが、機械を修復するとき資材が足りなければ、きちんと再生されないことになってしまうのです。

## タンパク質を構成するアミノ酸

タンパク質は、胃や腸でいったん20種類のアミノ酸に分解され、筋肉や靭帯《じんたい》といった修復する場所に移動してから、必要に応じたタンパク質に再合成される仕組みになっています。タンパク質は資材に相当すると記しましたが、この搬入した資材をさらに部品にまで解体し、各現場に振り分けてから新たに資材を組み立てるわけです。なんだか二度手間のような気がするかもしれませんが、部品さえ揃っていればどんな状況にも対応できるわけですから、偏りをなくすという意味では極めて合理的なシステムといえるでしょう。

ただ、この20種類の部品（アミノ酸）のうちの9種類（必須アミノ酸）は、その部品を含んでいるものを食べないと欠品状態になってしまいます。ほかの11種類（非必須アミノ酸）は、それ自

## 9種類の必須アミノ酸

| 名称 | 主な機能 |
|---|---|
| バリン | 筋肉合成、肝機能維持 |
| イソロイシン | 筋肉合成、肝機能維持、成長促進、糖尿病予防、血流改善 |
| ロイシン | 筋肉合成、肝機能維持、育毛 |
| メチオニン | ヒスタミン抑制（アレルギー緩和)、神経機能調節、育毛 |
| リジン | 免疫機能改善、肝機能維持、神経機能調節 |
| フェニルアラニン | 神経伝達物質合成（脳機能維持)、皮膚疾患改善 |
| トリプトファン | セロトニン合成（睡眠調節)、抗老化、低血圧予防 |
| スレオニン | 脂肪肝予防、コラーゲン合成（皮膚等機能維持) |
| ヒスチジン | 成長促進、炎症緩和、神経機能補助、貧血予防 |

必須アミノ酸はタンパク質に再合成される際の要素であるため、上記の機能がアミノ酸単体で発揮されるわけではない

体を含むものを食べなくても糖質や脂質などから合成できるのですが、9種類のほうは体内で合成できないのがその理由です。

新たに作られる各タンパク質の構成は、アミノ酸の種類と配列によって決まります。部品となるアミノ酸がひとつでも足りなければ、体が必要とするタンパク質を作ることができません。ですから、個々のアミノ酸の多寡を気にするのではなく、できるだけ多くの種類を摂ることが肝心。常にフルラインナップに

## アミノ酸スコア

| | | |
|---|---|---|
| 動物性食品 | 牛肉 | 100 |
| | 豚肉 | 100 |
| | 鶏肉 | 100 |
| | 鶏卵 | 100 |
| | 牛乳 | 100 |
| | アジ | 100 |
| | マグロ | 100 |

| | | |
|---|---|---|
| 植物性食品 | 玄米 | 64 |
| | 精白米 | 61 |
| | 小麦 | 42 |
| | そば（全層粉） | 100 |
| | 大豆 | 100 |

なることを、ぜひ心がけるようにしてください。

必須アミノ酸がどれだけ含まれているかは、配合比率を点数化した「アミノ酸スコア」で知ることができます。このスコアが１００であれば、必須アミノ酸が必要充分な量比で含まれていることを意味し、１００に近ければ近いほど良質なタンパク質であることを示します。

とはいえ、アミノ酸スコアが高いものばかりを食べなくてはならないわけではなく、足りないものをほかの食べ物で補って、食事全体としてアミノ酸スコアを高くしても構いません。たとえば、穀物にはリジンが不足していますが、これが多く含まれる鰹節《かつおぶし》やしらす干し、大豆製品などを一緒に食べれば帳尻を合わせることができます。

また、美容効果を期待してコラーゲンが含まれるものを一極集中的に食べたり、サプリメントだけを飲んだりする人がいますが、いったんアミノ酸に分解されてしまうわけですから、あまり意味があることとはいえないのではないでしょうか。もちろん、コラーゲンに再合成するときに必要なプロリンを多めに摂るのは悪いことではないかもしれませんが、プロリンは非必須アミノ酸なので、ほかの食べ物からも合成することができます。これは他のプロテインやアミノ酸サプリにも共通していえることなので、ぜひ頭に入れておいてください。

## タンパク質が不足すると

タンパク質は、筋肉をはじめとするさまざまな細胞を作るほか、細胞間の情報伝達を司るホルモンや酵素の材料にもなります。細胞の核やミトコンドリア（細胞内にある小器官）に収納されているＤＮＡ（デオキシリボ核酸）やＲＮＡ（リボ核酸）もタンパク質と複合体を形成していて、それらが保持する遺伝子情報自体もアミノ酸の配列情報です。血液中の抗体となる免疫グロブリンも同様で、これが不足すると免疫力が弱まってさまざまな病気の要因となります。

19ページの円グラフでおわかりのように、人間の体を構成する栄養素のうち15パーセントをタンパク質が占めています。これは脂質とともに水分に次ぐ順位で、炭水化物（糖質）よりもはるかに大きな役割を担っている証しともいえるでしょう。縄文時代の人たちはエネルギーの95パーセントを脂質とタンパク質から得ていたとのことですが、それにも合致します。

ですから、筋力増強のためだけでなく、体本来の在り方を考えるうえでも、タンパク質を積極的に摂る必要があるのではないでしょうか。炭水化物の割合を減らしてタンパク質を増やしていくと、体が変わっていくことを実感できるはずです。

## カルシウムで骨格強化

筋肉が接着する骨の丈夫さは、主に骨密度によって表されますが、こちらも筋肉量と同じく30歳ぐらいをピークに低下していきます。つまり加齢とともにだんだん骨が脆《もろ》くなっていくわけですが、とくに女性は、もともとのピークが低いことに加え、閉経期以降はホルモンバランスの影響で低下速度が早まるため、この傾向が顕著です。

あるところまで下がって骨がスカスカになってしまうと、ちょっとした力がかかっただけで圧

## 骨密度の変化

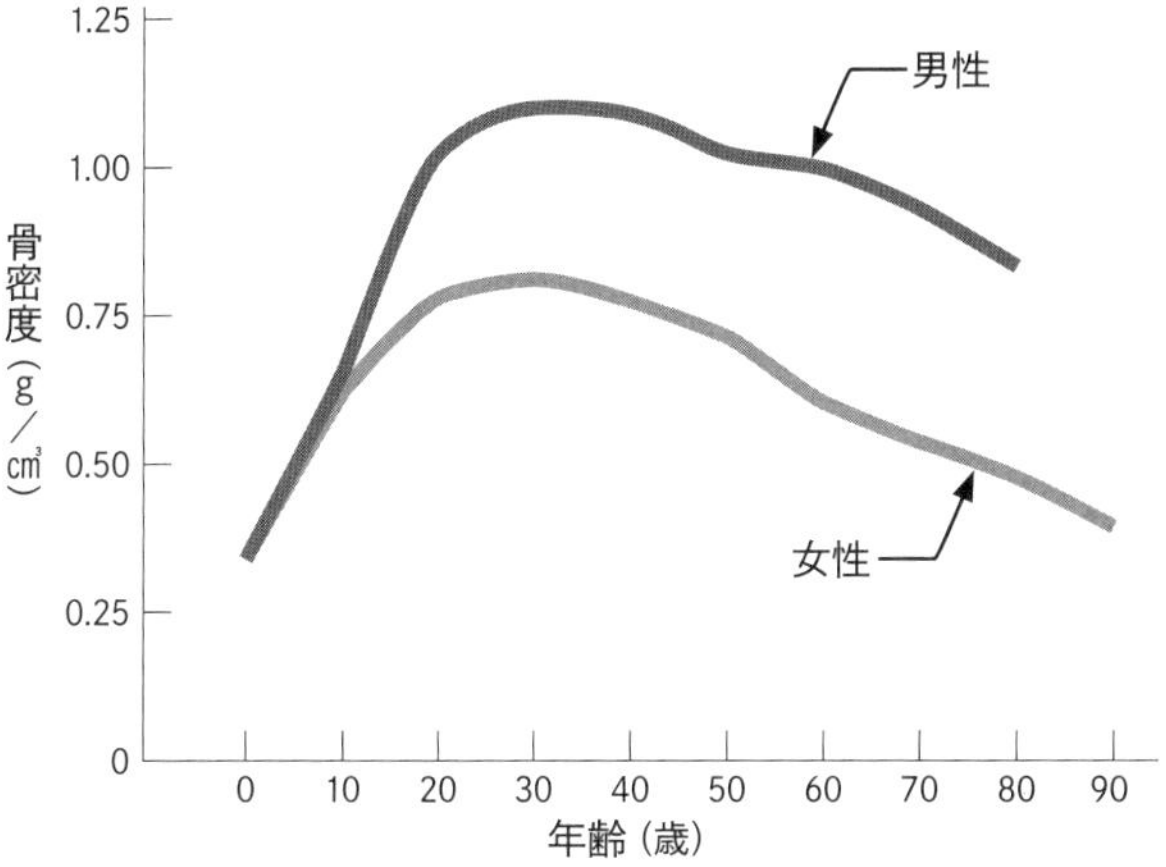


迫骨折をしたり、大腿骨頸部や腰椎の骨折も起こりやすくなります。これが骨粗鬆症《こつそしょう》。ともすると骨折をきっかけに寝たきりになってしまう場合もあり、これだけは絶対に避けたいものです。

この骨密度も、低下すること自体は避けられないのですが、筋肉量と同様に下がっていく角度を変えることはできます。

牛乳・豆乳や小魚、大豆製品など、カルシウムが多く含まれるものをしっかり摂る——骨密度の低下を遅らせるためには、これが唯一の手段といえるでしょう。しかし、ただカルシウムを摂るだけでは、骨を作る細胞は動き出してくれません。そこで必要になるのが、骨に物理的な圧力をかけて新たな骨を作ろうという動機を与えること。つまり、骨に力が

**カルシウムの含有量が多い食品**（農林水産省ホームページより）

| 食品群 | 食品名 | 摂取量 | カルシウム含有量 |
|---|---|---|---|
| 牛乳・乳製品 | 牛乳 | コップ1杯（200g） | 220mg |
| | ヨーグルト | 1パック（100g） | 120mg |
| | プロセスチーズ | 1切れ（20g） | 126mg |
| 野菜類 | 小松菜 | ¼束（70g） | 119mg |
| | 菜の花 | ¼束（50g） | 80mg |
| | 水菜 | ¼束（50g） | 105mg |
| | 切り干し大根 | 煮物1食分（15g） | 81mg |
| 海藻 | ひじき | 煮物1食分（10g） | 140mg |
| 小魚 | さくらえび（煮干し） | 大さじ1杯（5g） | 100mg |
| | ししゃも | 3尾（45g） | 149mg |
| 豆類 | 木綿豆腐 | 約½丁（150g） | 180mg |
| | 納豆 | 1パック（50g） | 45mg |
| | 厚揚げ | ½枚（100g） | 240mg |

かかる運動をすることによって「骨を丈夫にしましょう」というメッセージを送るわけです。この圧力は、重力に逆らうような強いもののほうが効果的。となりますと、山に登るのが最適といえます。

また、忘れてはならないのは、カルシウムの吸収を抑制するリンのこと。リンは人間にとって必須の栄養成分なのですが、摂りすぎると骨粗鬆症の進行を早めるばかりか、鉄の吸収も抑えるので貧血も起こりやすくなります。インスタント食品に多く含まれる傾向がありますので、骨を丈夫にするためにはこれをなるべく避けたほうが賢明でしょう。

筋肉にも共通することですが、きちんと栄養を供給しながら、運動をして骨や筋肉に太くしようというモチベーションを植えつける必要があること、おわかりいただけたでしょうか。この二つがセットになって、初めて骨や筋肉が強化されること、しっかり覚えておいてください。

## 競技スポーツで用いられるカーボローディング

ちなみに、マラソンやトライアスロンといった持久系の競技スポーツでは、カーボローディング（グリコーゲンローディング）という食事法で筋肉の能力を高めることがあります。

これは筋肉収縮のエネルギー源となるグリコーゲンをいったん枯渇させて、試合直前に一気に溜め込むという手法。激しい運動をしてわざと栄養不足の状態を作り、筋肉の要求度――先の例でいえばモチベーションが最大限に高まったところで、グリコーゲンの原料となる糖質をたっぷり補給します。すると筋肉は一心不乱にグリコーゲンを溜め始め、試合時には貯蔵量がマックスになるというわけです。

カーボローディングは、次のようなスケジュールで行なわれます。
試合1週間前——糖質を使い果たす激しい運動をする。
6日前～4日前——適度な糖質を含む混合食（糖質50～60パーセント、タンパク質10～15パーセント、脂質25～30パーセント）。運動は少なくする。
3日前——高糖質食（糖質70～80パーセント）。運動は少なくする。
2日前～前日——高糖質食。運動は少なくするか休息する。

こうしてグリコーゲンを筋肉に溜めこむことによって、2時間ぐらいはまったく補給なしで高パフォーマンスが持続できるのですが、登山は途中で補給可能なので、あまり参考にならないかもしれません。それに、誤解してはならないのは、登山前に高糖質食にすれば筋肉にグリコーゲンが溜まるわけではないこと。1週間前に筋肉の糖質を一度使い果たしていなければ意味がなく、ただ漠然と高糖質食にしてしまうと、それはすべて脂肪として蓄積されてしまいます。

# 体を整えるための食事術

## 体の潤滑油となるビタミンとミネラル

体を動かすエネルギーにはならないものの、体を円滑に活動させ、その機能を維持するために必要不可欠なのがビタミンとミネラルです。体の調整役、もしくは潤滑油といえばわかりやすいでしょうか。タンパク質は機械を構成する資材、炭水化物（糖質）は燃料に当たると先に記しましたが、この潤滑油がないと機械の歯車がうまく回らなくなってしまいます。

専門的にいえば、ビタミンは「動植物が体内で作り出した有機化合物」、ミネラルは「土壌や水のなかに存在する無機物」という違いはあるのですが、どちらも皮膚や粘膜、血管、骨などを含む各臓器の細胞の代謝を促す役割を担っている点は同じ。体内ではほとんど合成できないことも共通していて、それゆえ食べ物から意識的に取り入れなくてはなりません。必要量はごくわずかながら、食生活が偏っていると、どうしても不足しがちになってしまうからです。

ビタミンとミネラル摂取の重要性は広く喧伝されていますので、皆さんもすでに意識されていることでしょう。しかし、その摂取方法にはいささか誤解も含まれているようです。そこで、改めて特性と注意点を整理してみたいと思います。

## ビタミンの種類と特性

ビタミンには13の種類があり、それぞれ異なる機能や効能を持っています。いずれも体の構成材料にはなりませんが、体を整えるうえで八面六臂の活躍をしてくれることは、左ページの表でご覧のとおりです。

この13種のビタミンは、水溶性ビタミンと脂溶性ビタミンの二つに大きく分けられます。

水溶性ビタミンは、ビタミン$B_1$、ビタミン$B_2$、ビタミン$B_6$、ビタミン$B_{12}$、ナイアシン、葉酸、パントテン酸、ビオチン、ビタミンCの9種。文字どおり水に溶ける性質を持っているため、余

## 13種のビタミン

| | 名称 | | 多く含まれる食品 | 機能・効果 |
|---|---|---|---|---|
| 水溶性ビタミン | ビタミンB群 | ビタミン$B_1$（チアミン） | 豚肉、大豆 | 糖質代謝、神経機能維持 |
| | | ビタミン$B_2$（リボフラビン） | 卵、牛レバー | 脂質代謝、細胞再生 |
| | | ナイアシン | マグロ赤身、タラコ | 糖質・タンパク質・脂質代謝 |
| | | ビタミン$B_6$（ピリドキシン） | サンマ、バナナ | タンパク質代謝、神経機能維持 |
| | | ビタミン$B_{12}$（コバラミン） | 豚レバー、アサリ | 造血、神経機能維持 |
| | | 葉酸 | 牛レバー、ホウレンソウ | 造血、細胞分裂促進、核酸合成 |
| | | パントテン酸 | 納豆、豚レバー | 脂質・糖質・タンパク質代謝 |
| | | ビオチン | 大豆、カリフラワー | 脂質・糖質・タンパク質代謝 |
| | ビタミンC（アスコルビン酸） | | ジャガイモ、レモン | 抗酸化作用、コラーゲン生成、熱産生 |
| 脂溶性ビタミン | ビタミンA（レチノール） | | ウナギ、ニンジン | 皮膚・粘膜の再生、視力保持 |
| | ビタミンD（カルシフェロール） | | カレイ、シイタケ | 骨・歯の形成 |
| | ビタミンE（トコフェロール） | | 紅花油、アーモンド | 抗酸化作用、ホルモンバランス調整 |
| | ビタミンK（フィロキノン、メナキロン） | | 納豆、ホウレンソウ | 血液凝固機能維持、骨・歯の形成 |

った分は尿や便によって排出されます。それゆえ、どんなに摂っても摂りすぎの心配はありませんが、逆に考えれば体内にはストックされないことになりますから、定期的に補充していかなければならないといえるでしょう。

脂溶性ビタミンは、ビタミンA、ビタミンD、ビタミンE、ビタミンKの4種。こちらは水には溶けないものの油脂には溶けやすく、余剰分は脂肪や肝臓に貯蔵されるため、摂りすぎると過剰症（頭痛、嘔吐、高カルシウム血症など）を起こすこともあります。

## ビタミンを効率よく摂るコツ

水溶性ビタミンが水に溶ける現象は、食べたあとばかりでなく調理の際にも起こります。長時間水にさらしたり茹《ゆ》でたりすると、せっかくのビタミンが流出してしまうこと、ぜひ頭に入れておいてください。洗うときは流水でさっと流す程度にし、加熱するときは炒めたり蒸したりするのがおすすめ。下茹でが必要な料理の場合は、茹で時間を短時間にとどめたり（1〜2分間ほどならビタミンが50パーセント以上残るといわれています）、それ以上茹でる場合は茹で汁ごと食べるといった工夫が必要になるでしょう。もしくは電子レンジを活用するという手もあります。

また、ビタミンCは熱にも弱く、たとえばニンジンを25分間茹でると25パーセント、30分間蒸すと40パーセント、8分間揚げると100パーセントのビタミンCが失われてしまうといわれています。この点でも、加熱時間をなるべく短くすることが肝要。切ってから加熱するのではなく、加熱してから切り分けるのもビタミンの流出量を抑えるコツです。

一方、脂溶性ビタミンのほうは、加熱による損失の心配はありません。油脂に溶けやすいという性質を鑑みれば、揚げ物にしたりドレッシングとともに食べると効率よく体に吸収されます。

## ミネラルの役割

ミネラルは、生体を構成する元素のうち炭素、水素、酸素、窒素を除いたものの総称で、自然界には100種類あまり存在するといわれています。そのうち、人間が必要とするのは15種類ほど。その必要量が一日に100ミリグラム以上のものは多量ミネラル、100ミリグラム未満のものは微量ミネラルと呼ばれ、多量ミネラルはカルシウム、マグネシウム、リン、ナトリウム、カリウム、塩素、硫黄の7種が該当します。

こちらもビタミンと同様にそれぞれが異なる役割を持っていて、骨や歯を形成したり、細胞の代謝を促したりしますが、ビタミンと異なるのは摂取バランス（ミネラル間の比率）が重要であること。たとえば、ナトリウムの摂取量がカリウムのそれを大きく上回ると神経細胞が正常に活動できなくなりますし、リンをカルシウムの2倍以上摂ってしまうと骨や歯の硬度や耐久性が保てなくなってしまいます。また、摂取量も見逃せない要素で、不足すると鉄欠乏性貧血や甲状腺腫（ヨウ素不足）の原因となりますが、それにも増して気をつけなければならないのは、なんといっても高血圧症を引き起こすナトリウム（塩）の過剰摂取です。

## 塩分摂取量に注意

日本人が一日に摂取する塩分の量は、10グラム前後（小さじ2杯ほど）といわれています。1970年代は約14グラムだったので、だんだん下がってきてはいるのですが、それでも欧米に比べれば多く、高血圧症を予防するためにさらなる減塩が叫ばれているのはご存知のとおりです。

## ミネラルの分類

| | 元素記号 | 名称 | 多く含まれる食材 | 機能・効果 |
|---|---|---|---|---|
| 多量ミネラル | Ca | カルシウム | 牛乳、豆腐 | 骨・歯の形成、<br>神経・心筋機能維持 |
| | Mg | マグネシウム | ワカメ、そば | 骨・歯の形成、<br>神経・心筋機能維持 |
| | P | リン | ちりめんじゃこ、<br>チーズ | 骨・歯の形成、<br>神経伝達、<br>細胞機能維持 |
| | Na | ナトリウム | 食塩 | 細胞機能維持、<br>浸透圧調整 |
| | K | カリウム | コンブ、バナナ | 細胞機能維持、<br>神経伝達 |
| | Cl | 塩素 | 食塩、水道水 | 体液の浸透圧・イオンバランス調整、<br>消化酵素の補助、<br>殺菌・消毒 |
| | S | 硫黄 | 肉、魚、卵、<br>アブラナ科の野菜、<br>ネギ類 | 一部のアミノ酸の構成材料、<br>糖質・脂質の代謝促進、<br>有害ミネラルの蓄積予防 |
| 微量ミネラル | Fe | 鉄 | 豚レバー、納豆 | 造血、<br>エネルギー産生 |
| | Cu | 銅 | クルミ、ココア | 鉄代謝、<br>抗酸化作用 |
| | I | ヨウ素 | ノリ、タラ | 甲状腺ホルモン合成 |
| | Mn | マンガン | レンコン、クリ | 糖質・脂質・タンパク質代謝、<br>抗酸化作用 |
| | Se | セレン | マグロ赤身、ブリ | 抗酸化作用 |
| | Zn | 亜鉛 | カキ、牛肉 | 細胞分裂促進、<br>核酸・タンパク質合成、<br>味覚の機能維持 |
| | Cr | クロム | ヒジキ、ジャガイモ | 糖質代謝 |
| | Mo | モリブデン | 豚レバー、豆腐 | 尿酸代謝 |

塩分の摂取量が多いと血液の塩分濃度が上がり、それを薄めるために水の貯留量を増やさなくてはならなくなります。すると、血管のなかの液体量が増えて血圧が上がる——これが高血圧の仕組みです。この状態がつづくと、血管が脆くなることによって傷がつきやすくなり、血液の流れの障害になる凹凸や蛇行部分ができるため、その通りの悪い血管のなかで血流が止まらないように心臓は強い圧力で血液を送り出すようになります。すると圧力がかかる部分と届かない部分の差が生じることによって、血管のなかに渦が発生します。蛇行した川に澱《よど》みができるのと同様の原理です。その結果、壁の弱いところが破れて出血したり、澱みの部分で血液が固まって、その先に血液が届かなくなったりします。これが脳で起こるのが脳出血や脳梗塞です。

この現象は、脳ばかりではなく心臓や腎臓、末梢血管をはじめ体のあらゆるところで起こります。糖尿病が生活習慣病のきっかけとなるように、塩分の過剰摂取による高血圧症もさまざまな病気（とくに循環器系）を引き起こすこと、これでおわかりいただけるでしょうか。

欧米に比べ日本人の塩分摂取量が多いのは、食品の保存のために塩を多用してきたことと、あらゆる料理の調味に醤油や味噌を使うことが大きな要因でしょう。こうした嗜好が短期間では変えられないことは、若者よりも高齢者のほうが塩分摂取量が多いことが示しています。

しかし、考えてみてください。1万年前の縄文人は、わざわざ塩を摂らなくても生きていくことができました。動植物の組織液のなかには、それらが生きていくために必要な電解質成分（ミネラル）が微量ながらもかならず含まれています。それを食べることで、体を維持するための必要量を充分に賄えていたのです。

現在、厚生労働省は塩分摂取の目標値を男性7・5グラム未満、女性6・5グラム未満と定めていますが、医師の立場でいえば5〜6グラムを目指すのが望ましいと思います。もちろん極端に減らして低ナトリウムになるのも問題ですが、基本的にはどんなに控えても控えすぎになることはない、と覚えておいてください。

## 塩分を控える工夫

塩は料理の味わいを引き締めるのに欠かせない存在で、醤油や味噌もおいしさに大きく貢献しています。これを控えたら、病院食のように味気ないものになってしまい、食が進まなくなると思う人も多いのではないでしょうか。

しかし、そこは工夫次第。たとえば、あらかじめ下味をつけて塩や醤油を浸透させておく料理がありますが、これを表面だけにする――つまり食べる直前に調味するようにすれば、それだけでも塩分を控えることができます。なかまでしっかり塩分が染みていなくても、表面に味がついていれば舌にきちんと訴えてくれるはずです。

刺し身などに必要以上に醤油をつけている人も多いように見受けられます。江戸前寿司は醤油をさっと刷毛塗りして供されますが、これは醤油の風味を添える程度で充分においしく感じられるという好例。刺し身にべったり醤油をつけるのではなく、端っこにちょこんとつけるくらいにとどめれば、味わいを損ねずに塩分摂取量を減らせるでしょう。

あと、食べ始める前から習慣的に醤油をかけてしまうものがあります。冷や奴や焼き魚などがその典型ですが、まずはひと口食べてみて、足りない分だけ醤油をかけるようにするといいのではないでしょうか。習慣的といえば、餃子に醤油をつけたり、フライにソースをかけたりするのも同様です。食べる前ではなく、少し食べてみてから調味料をつけたりかけたりすることを、ぜひ習慣づけてみてください。さらに、味つけの際には精製塩ではなく天然塩を利用するのもおすすめ。ナトリウム以外のミネラルも含まれているので、健康増進にも効果的です。

また、だしをしっかり効かせたり、柑橘類や酢で酸味を添えたり、香辛料（スパイス）で辛味を足したり、香味野菜やハーブを使って味にアクセントをつけるのも、塩分摂取量を控えるコツといえるでしょう。こうした工夫を重ねていくと、だんだん薄味に慣れてきて、おのずと塩や醤油の使用量が減っていくと思います。

それともうひとつ。インスタント食品や外食産業で提供される食品は、味を濃くしてインパクトを与える傾向があり、これに依存しすぎるとどうしても塩分摂取量が多くなってしまいます。塩分の摂取量を控えるためには、この点も考慮に入れることが大切です。

## 第6の栄養素ともいえる食物繊維

炭水化物に分類される食物繊維も、ビタミンやミネラルと同じように体を整えるために重要な役割を果たします。このことから、第6の栄養素と呼ばれることが多くなりました。

食物繊維は、水溶性食物繊維と不溶性食物繊維に分類されます。

海藻やイモ類などに多く含まれる水溶性食物繊維は、胃のなかで水に溶けるとゼリー状になって腸へ移動するのですが、糖質や脂質の吸収をゆるやかにする効果があるので、食後の血糖値の上昇を抑えてくれます。また、ナトリウムやコレステロールを吸着して体外へ排出する作用もあるため、高血圧症の予防にも効果的といえるでしょう。一方、根菜やキノコ類などに多く含まれる不溶性食物繊維は、便の容積を増やして排便を促すのが特長。こちらは有害物質を吸着してくれるので、腸がきれいになり、大腸がんのリスクを減らすともいわれています。

いずれの食物繊維も、体を動かすエネルギーにも体を作る材料にもなりませんが、乳酸菌やビフィズス菌といった腸内の細菌を活性化させ、これが腸内環境の改善につながります。細菌というと悪者に思いがちですが、腸内の細菌はいわば体のなかにいる別の生き物。これを育てるための餌を供給することは、健康を維持するうえで非常に大切なことなのです。

## 多種類を〝広く浅く〟摂ることが大切

ビタミンとミネラル、そして食物繊維の重要性、よくおわかりいただけたと思いますが、ここで忘れてはならない大切なことがあります。それは、なるべく多種類のものを食べて、体が吸収する栄養素の選択肢を増やしてあげることです。

疲労回復のためにビタミン剤を飲んだり、膝関節の痛みを解消するためにサプリメントを飲んだりしても、有体にいえば効果は期待できません。なぜかというと、ビタミンやミネラルの必要量はごくわずかで、余ったものはすべて排出されてしまうから。ビタミン剤を飲むと尿が黄色くなるのが、まさにそのことを証明しています（黄色になるのはビタミン$B_2$の余剰分が含まれているため）。〇〇何百個分といった類いのサプリメントもまたしかりで、いくら補給しても、吸収されるのはそのとき必要としている分だけ。縄文人が一日に同じものを何百個も食べていたかと考えれば、その無意味さがご理解いただけるはずです。

ビタミンとミネラルは体の潤滑油であると本項の冒頭で記しましたが、歯車を滑らかに回すためにはちょっとだけ差せば充分で、あえて油まみれにする意味はありません。人間の体は、いろいろな栄養素を摂ったなかから必要なもののみをピックアップし、余分なものは排泄することでバランスを取っています。つまり、特定の栄養素ばかりを集中的に摂るのは、人間の体の仕組みに合致しないことになるのです。

それに、ビタミンやミネラルは一日で急激に欠乏するものではないので、1～3か月のあいだ

## 主な食品に含まれる栄養素

| 食品名 | 含有量の多い栄養素 |
|---|---|
| 玄米 | 糖質　ビタミンB群　ビタミンE　ミネラル　食物繊維 |
| そば | 糖質　ビタミンB群　ナイアシン　ポリフェノール |
| 大豆 | タンパク質　ビタミン類　ミネラル　イソフラボン |
| 豚肉 | タンパク質　ビタミン$B_1$ |
| 卵 | タンパク質　レシチン　ビタミン類　ミネラル |
| 牛乳（乳製品） | タンパク質　カルシウム　ビタミン類 |
| 魚 | 不飽和脂肪酸　ビタミンD　カルシウム　鉄 |
| 貝類 | カルシウム　鉄　亜鉛　マグネシウム　アミノ酸 |
| 海藻 | 食物繊維　βカロテン　ヨウ素　カルシウム |
| トマト | リコピン　ビタミンC　βカロテン |
| タマネギ | グルタミン酸　核酸類　ケルセチン　アリナーゼ |
| オクラ<br>モロヘイヤ<br>アシタバ | 水溶性食物繊維　βカロテン　カルシウム<br>クロロフィル |
| ブロッコリー | ビタミンC　カリウム　鉄　葉酸 |
| シイタケ | ビタミンB群　ビタミンD |
| リンゴ | ビタミン類　ミネラル　食物繊維　ポリフェノール |
| ナッツ類 | 不飽和脂肪酸　カルシウム　マグネシウム |

〈香辛料類〉

| | |
|---|---|
| 昆布だし<br>鰹だし | Lグルタミン酸　イノシン酸 |
| ニンニク | βカロテン　モリブデン　アリイン　ビタミン類 |
| 胡麻 | 五大栄養素　ゴマリグナン |
| 胡椒 | ピペリン　シャビシン　ピペラニン |
| 山椒 | サンショオール　シトロネラール |
| 唐辛子 | カプサイシン　ビタミンC　ビタミンE　βカロテン |

にトータルで摂取できれば充分といえます。

献立を考えるときは、まず主菜となるタンパク質を決め、そこに野菜を足していくのが基本となりますが、ときには貝類や海藻を加えたり、乳製品を主役にするなど、でき得るかぎりバラエティーに富ませていくことが肝心。極端に走るのではなく、結果的に〝広く浅く〟なるように心がけることが、バランスのよい食事のなによりの条件といえるでしょう。

また、右ページの表に掲げたように、ひとつの食品にはさまざまな栄養素が含まれています。もちろん香辛料類も同様です。食事のレパートリーが広がれば、それに比例して体に入る栄養素の幅も広がり、体の選択肢が増えることは説明するまでもないでしょう。

そして、どんなにバランスのよい食事を摂ったとしても、適度な運動をしないことには健康寿命をのばすことはできません。毎日の食事と運動は健康増進の両輪で、どちらが欠けても体は傾いてしまいます。

このことを胸に刻みながら健康増進を目指し、末永く山に登りつづけていただければ幸いです。

■コラム③

# 「健康食品」には要注意

「健康食品」という用語は、一般に〝健康によさそうな成分を含んでいる食品〟という意味で使われていますが、そのなかに法律で表示基準が示されているものがあります。「特定保健用食品」「栄養機能食品」「機能性表示食品」の3種類です。

特定保健用食品（トクホ）は、高血圧や高コレステロールの改善など、体によい影響を与えること（機能性）が科学的に証明されている食品。その効果や安全性を国が審査し、基準を満たしているもののみ消費者庁長官が認可します。

栄養機能食品は、通常の食生活が送れない場合に不足する成分を補給する目的で利用できる食品で、カルシウム、亜鉛、銅、マグネシウム、鉄のミネラル5種と、主要なビタミン12種が該当。一定の条件を満たしていれば、届け出なしで機能性を表示できます。

機能性表示食品は、事業者が販売前に消費者庁長官に届け出ることで、健康維持や健康

## 機能性を表示できる食品

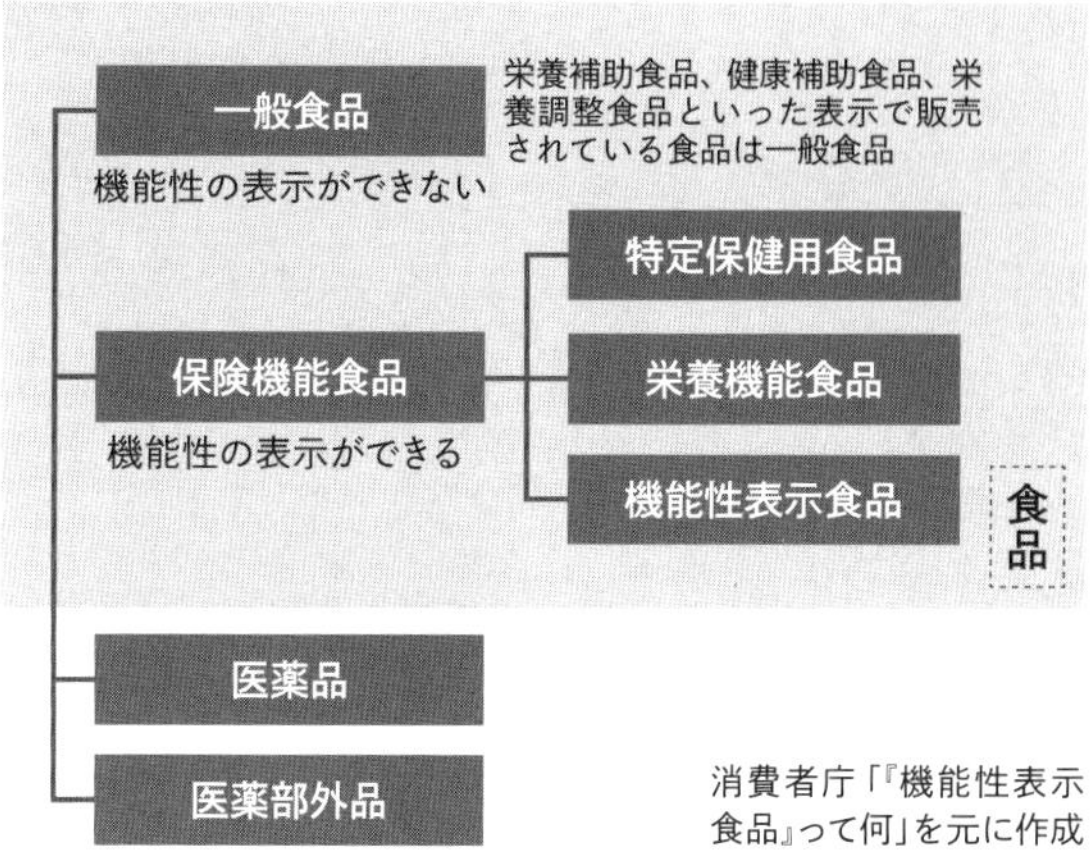


消費者庁「『機能性表示食品』って何」を元に作成

増進に関する特定の機能性を表示することができる制度です。特定保健用食品とは違って国の審査はなく、事業者が自らの責任において科学的根拠を基に表示します。

いずれも医療機関や薬局で治療のために処方される薬ではなく、科学的効果の判定も医薬品レベルの厳密性は求められていません。ですから、表示されている効能を過信せずに、効果の限界を理解したうえで利用することが大切です。

また、過剰に食べてしまうと、逆に害になる可能性もあるので要注意。記載されている注意事項をよく読むことをくれぐれも忘れないようにしてください。

# 第3章

最大のパフォーマンスが発揮できる

# 登山中の食事術

# 登山直前の食事術

## 登山に必要なカロリー

「登山は究極の有酸素運動」と本書の冒頭に記しましたが、「究極」というだけあって、登山をする際にはじつに多くのエネルギーが消費されます。どんな低山といえども日常生活の数倍、重い荷物を背負う縦走となれば5倍以上のカロリーが必要になるのです。

登山に必要なカロリーは、鹿屋体育大学の山本正嘉名誉教授が定義した数式に当てはめれば誰でも簡単に計算できます（次ページの図参照）。

たとえば、体重50キロの人が日常生活で必要とする一日のエネルギー量はおよそ１６００キロカロリーですが、この人が標高差１０００メートルで水平移動距離3キロの山に10キロの荷物

## 登山での必要カロリー計算法

**【簡易式】**

体重(kg) × 行動時間(h) × 5

**【汎用式】**

| 時間の要素 | | 距離の要素 | | 重さの要素 |
|---|---|---|---|---|
| 行動時間(h) × 1.8 | + | 0.3×歩行距離(km) + 10×登り累積標高差(km) + 0.6×下り累積標高差(km) | × | 体重(kg) + 荷物(kg) |

山本正嘉著『登山の運動生理学とトレーニング学』より

を背負って登った場合、登山開始から下山までの行動時間を仮に6時間とすると、必要なカロリーは簡易式では１５００キロカロリー、汎用式では１３３８キロカロリーと算出されます。体重が60キロの人ですと、一日に必要なエネルギー約１９２０キロカロリーに対し、先と同様の条件で登るなら簡易式では１８００キロカロリー、汎用式では１５６１キロカロリー必要ということになります。

6時間といえば、一日24時間の４分の１に相当しますから、この登山だけで日常生活の数倍のエネルギーが必要であることがおわかりいただけるのではないでしょうか。

もちろん、歩行速度や気温などによって消

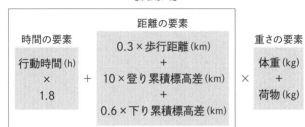

費エネルギー量は大きく変動するので、この数値は目安にすぎませんが、登山が多大なカロリーを必要とすることに変わりはありません。とくに日帰りハイキングの場合は、距離よりも標高差が大きく関係し、その位置エネルギー（ポテンシャルエネルギー）分を稼ぐためにたくさんのカロリーが必要になるわけです。重力に逆らって自分の体重と荷物を持ち上げるわけですから、当然といえば当然のことといえます。

## 登山前日の食事

ひと口にカロリーといっても、ただ闇雲に摂取すればいいわけではありません。状況に応じて必要なものが変わってきます。

第1章のおさらいになりますが、人間が食事によって摂取するエネルギー源は、次の二つに大きく分けられます。

- 活動するための燃料となるエネルギー＝炭水化物
- 細胞（筋肉を含む）を作るエネルギー＝タンパク質

これをどのように摂取するか、登山に当てはめて考えてみますと――。山へ登る前には行動のエネルギー源となる炭水化物を蓄えておく必要があり、行動中に摂取するのも素早く吸収されて即座にエネルギーに転換できる炭水化物（糖質）、下山後（あるいは登山の数日前まで）には登山で傷んだ筋肉を修復するためのタンパク質が不可欠ということになります。自動車にたとえれば、ドライブへ出かける前にガソリンを入れておき、途中でガス欠になりそうになったら完全に動かなくなる前に給油して、帰宅したら次のドライブで不備のないようにきちんと整備をする――これと同じことです。

なお、もうひとつの三大栄養素である脂質は、どちらの要素も併せ持っています。こちらはいわばバッファー（緩衝材）的存在で、体内の細胞膜を作るうえで重要な役割を果たしますし、過剰なものは脂肪として蓄積されて、糖質などが不足してきたときのエネルギー源となってくれます。とはいえ、肥満防止の観点からも燃料はあくまでも炭水化物と考えたほうがいいでしょう。

では、登山前日には、具体的にどんなものを食べたらいいのでしょうか。

いかにもスタミナがつきそうな肉料理をたっぷり食べておこうと思いがちですが、これはタンパク質ですので登山前に向いているとはいえません。繊維質に富んだ野菜や海藻もＮＧ。消化

### 主な炭水化物のGI値

| 食品名 | GI値 | | |
|---|---|---|---|
| フランスパン | 93 | パスタ | 65 |
| 食パン | 91 | 中華めん | 61 |
| 白米 | 84 | そば | 59 |
| バターロール | 83 | ライ麦パン | 58 |
| うどん | 80 | 玄米 | 56 |
| 赤飯 | 77 | 五穀米 | 55 |
| インスタントラーメン | 73 | ビーフン | 52 |
| そうめん | 68 | 全粒粉パン | 50 |
| | | 春雨 | 32 |

に時間がかかるという点で避けたほうが無難でしょう（便秘予防の効果はありますが……）。揚げ物など脂質の多いものも、運動中の消化管血流が減少した状態ではスムーズに消化されないため、胃もたれの原因になって運動パフォーマンスを下げてしまいます。

理想的といえるのは、少しずつカロリーが吸収されてほどよい血糖値を維持してくれる炭水化物メインのもの。たとえば、玄米粥や全粒粉のパンやパスタはいかがでしょうか。

血糖値の上昇度はGI値（グリセミック・インデックス）という指数で表わされます。ブドウ糖を摂取してから2時間後の血糖値を数値化したもので、この数値が低いものほど血糖値の上昇度はゆるやか——つまりカロリーがゆっくり吸収されるということです。

低GI値の炭水化物といえば、前記の玄米や全粒粉の加工品のほか、春雨、ビーフン、そばなどがその代表格。これらをうまく取り入れるのが、登山前夜のメニュー選びのコツといえます。

また、食べる分量も肝心です。「シャリバテ」（低血糖で力が出なくなること）しないようにたくさん食べておきたいところをグッと我慢。食べたものが胃腸内にごろごろと残らないよう、必要最小限を心がけるようにしてください。

アルコールは、ダメとはいいませんが、できれば控えたほうがいいでしょう。登山前夜の興奮をやわらげる効果はあるものの、翌日まで残ってしまうと、歩行中に血液の拍出量が増えて再び酔いが回ることがあり、滑落事故などにもつながりかねません。それでも……という人は、くれぐれも飲みすぎにご注意を。

## 登山当日の朝食

登山に出かけるときは、早起きが鉄則。まだ暗いうちに布団を抜け出て、腹ごしらえもままならぬまま家を飛び出す人が多いのではないでしょうか。

できるだけ早く登山口に着いたほうがいいので、それはそれで構わないことなのですが、どのタイミングで朝ごはんを食べるのか――これは誰もが意識すべき重要なポイントです。

たまに登山口でおにぎりを頬張っている人を見かけることがありますが、この人は登山中に腹痛を起こしたりしないかと、余計な心配をしてしまいます。

といいますのも、運動直前に固形物を胃のなかに入れると、その塊が胃のなかでブラブラしてしまい、それによって腸管膜が引っ張られるため、お腹が痛くなることがよくあるからです。

そればかりでなく、登り始めると血液は筋肉のほうへ優先的に流れ、胃腸へ行く量はおのずと減少します。すると消化吸収の速度が遅くなり、いつまでも分解されないまま胃のなかにとどまっていることになります。これでは、せっかく食べたものがエネルギー源になりません。

ならば消化しやすいものを選べばいいのでは、と考えたくなりますが、そう単純なものではないのが人間の体の不思議なところ。登山直前に吸収の早いものを食べると、血糖値が急速に上がり、その上がった血糖値を下げるためにインスリンが分泌されます。これによって低血糖になり、筋肉のパフォーマンスが妨げられてしまうのです。

結論をいえば、朝ごはんは登山開始の1～2時間前に食べるのがベスト。東京や大阪などの都市部にお住まいの人でしたら、自宅から登山口まで電車やバスを乗り継いでちょうどそれくらいの時間がかかることが多いと思います。その移動時間を朝食の時間に充てるわけです。こうすれば、食べたものが登山口に着くまでに分解され、エネルギーが体に蓄積されます。

前夜に朝食を用意できなかった場合は、駅前のコンビニエンスストアでおにぎりなどを購入して、電車に乗ったらすぐに食べるといいのでは。ただ、昨今はロングシートの車輛が増え、ちょっと人目がはばかられるかもしれません。それを避けたいのであれば、より早起きをして出発前に食べるしかないでしょう。

## 飲み物やゼリー飲料を朝食代わりにしても

とはいえ、移動中に食べることができないマイカー登山の場合など、どうしても登山口で朝食にせざるを得ないこともあると思います。登山口の近くにお住まいの人も、またしかりです。

そんなときは、じんわりと血糖値が上がってゆっくり吸収されるものを摂るようにすればいいのですが、このエネルギー源を食べ物に限定する必要はありません。飲み物からでも、登山に必

## ゼリー飲料の成分比較（1パックあたり）

| 商品名（メーカー） | カロリー（Kcal） | タンパク質（g） | 脂質（g） | 糖・炭水化物（g） | 食塩相当量（g） |
|---|---|---|---|---|---|
| inゼリー エネルギー（森永製菓） | 180 | 0 | 0 | 45 | 0.1 |
| アミノバイタル ゼリードリンク マルチエネルギー（味の素） | 160 | 1.5 | 0 | 39.1 | 0.18 |
| 速攻元気ゼリー エネルギー&マルチビタミン（明治） | 200 | 0 | 0 | 50 | 0.33 |
| クイックエイド プラスエネルギー（富永貿易） | 180 | 0 | 0 | 47 | 0.2 |
| カロリーメイト ゼリー（大塚製薬） | 200 | 8.2 | 4.4 | 33.2 | 0.08 |
| 参考（病院用） テルミール アップリード（ニュートリー） | 400 | 14.0 | 21.6 | 37.4 | 0.38 |

要なエネルギーを充分に得ることができます。

たとえば野菜ジュース。これには意外に砂糖が入っていますので、大ぶりのコップで1杯飲めば120～130キロカロリーは摂れます。さらに牛乳や豆乳を飲めばプラス100～200キロカロリー。ヤクルトなどの乳酸菌飲料も加えれば、おにぎり2個分に相当する約300キロカロリーを液体だけで摂取することができるのです。

ゼリー飲料（森永製菓の「inゼリー」など）もおすすめ。かくいう私も、群馬県前橋市の自宅から榛名《はるな》山系の水沢山（標高１１９４メートル、登山口の水沢観音と山頂の標高差は約６００メートル）や、赤城山系の鍋割山（標高１３３２・９メートル、姫百合駐車場と山頂の標高差は約４００メートル）にササッと登るときなどは、固形物は食べずに、出がけにゼリー飲料を飲むだけで済ませています。登山口までの所要時間は車で30分ほど。到着するころにはちょうど体に栄養が回っている状態になり、胃腸に負担がかからないのもなによりです。この程度ならインスリンの分泌過剰も起こりません。固形物を食べるとすれば、食後30分～1時間半ほど経ってから出発しなくてはなりませんが、この待ち時間を省略できるのも利点といえます。

登山前にはなにか固形物を食べておかなくてはいけないという固定観念をお持ちの人が多いことと思います。たしかに、ゆっくり吸収される食べ物を、吸収される時間がとれるときに食べるのは極めて合理的なことですが、そこは臨機応変に。自宅から登山口までの所要時間に応じて個体か液体かを使い分けるのも、登山における大切な食事術ではないでしょうか。

# 行動中の食事術

## 登りでのエネルギー補給

重力に逆らいながら体を持ち上げていく「登り」は、一日の登山のなかで最も体力を消耗する行程です。その原動力となるのは筋肉ですが、登っていくにしたがってエネルギーが枯渇していき、これが完全に尽きると一歩も動けなくなるという状況に陥ってしまいます。そこまではいかないまでも、だんだんつらくなってくるという経験は、どなたもお持ちのことでしょう。

筋肉のエネルギーが減れば減るほどパフォーマンスが落ちてくるのは当然のこと。頂上まで一気に登りきれる人は問題ありませんが、なんとなく足が重たくなってきたら、消費した分を供給する必要が出てきます。ガス欠になる前に燃料補給をするわけです。

摂取後すぐエネルギーに転換できるのは、なんといっても糖分。飴玉をなめたりチョコレートをかじったり、ゼリー飲料を飲んだりすれば、数分後には効果を実感できるはずです。キャラメルや飴、スティック状の羊羹《ようかん》など、歩きながら食べられるものならなんでもいいでしょう。

ただし、何回にも分けて少量ずつ摂るのが大原則。いくら効くからといって一度にたくさん摂るのは決しておすすめできません。その理由は明々白々。先にも少し触れましたが、糖分は吸収が早いだけに血糖値が必要以上に上がり、それを下げるためにインスリンが分泌されるからです。この状態で再び歩き始めると、インスリンが血糖値を下げる過程でエネルギーの必要量が一気に上がり、かえって力が出なくなってしまいます。エネルギーを供給したはずなのに、これでは本末転倒ですね。さらに血糖値が下がると、脳や網膜が正常に活動できなくなって、目の前が真っ暗（ブラックアウト）になって倒れてしまうことも。こちらも要注意です。

血糖値が上がりやすいものを足りない分だけ補給するのは効果的なのですが、過剰に摂ってしまうと下げようとする反応のほうが強くなって低血糖に陥り、そのまま歩きつづけると燃料切れの状態で猛ダッシュしているのと同様になってしまうこと、ぜひ覚えておいてください。

また、エネルギー不足の原因はあくまでも糖質の欠乏なので、それ以外のものを補給しても意味がありません。吸収の遅いものを行動中に食べてしまうと、胃腸の負担が増えるばかりです。

そもそも、急な登り坂や精神的に緊張する鎖場などでは、胃腸への血流が少なくなり、消化・吸収の機能が低下しています。これは、主に自律神経の交感神経が活動しているため。血流は心臓や筋肉に優先的に回されているのです。また、危機的な状況に陥って副腎髄質からアドレナリンが大量に分泌されているときも、同様に胃腸の動きが止まって、食べ物が何時間も溜まったままになります。

行動中は吸収の早い糖質のみを補給することは、エネルギー補給の大前提といえるでしょう。

## 先人の知恵に着目

ちょっと話がそれますが、江戸時代の街道筋では峠の手前の茶屋で力餅や五平餅、みたらし団子などを出していました。茶屋の主人と世間話をしながらのんびりとそれを頬張り、「さて、ぼちぼち行くか」などといって歩き始めるシーン、時代劇で見たことがあるのではないでしょうか。現在も名産品として提供しつづけている店もあります。

これらの食べ物を現代の科学的観点で分析しますと、じつに理に叶っていることに驚かされるばかりです。力餅の餡、五平餅やみたらし団子のタレは、吸収の早い糖質が主体。餅の部分は、糖の分子が長くつながったデンプンで、ブドウ糖などに分断されるまでに時間がかかるため、血糖値はゆっくりと上がっていきます。つまり、これを食べると外側の糖質の効果によって血糖値が上がり、筋肉にエネルギーが供給されますが、あとからゆっくりと吸収される餅の部分が追いかけてきますので、血糖値が下がることはありません。ほどよく上がった血糖値が長時間維持されることも期待できます。

また、茶屋の立地にも注目。専門外のことなので断言はできないのですが、峠に至る急坂の登り口よりも少し手前に建っていることが多かったようです。食後ちょっと休んでからゆるやかな坂道を歩き始め、稲妻形の急登に差しかかるころ、ちょうど吸収され終わって筋肉のエネルギーがマックスになっている――これもなんとも合理的ですね。

登山でのエネルギー補給は、先に述べたように糖質を少量ずつ小まめに摂るばかりでなく、この先人の知恵を応用して、即効性のある糖質とじんわり吸収されるデンプンを3時間おきくらいに同時に摂るという選択肢もあるというわけです。

## 水分補給のタイミング

エネルギー補給に勝るとも劣らず重要なのが水分補給。これをしない登山者は皆無だと思いますが、どのようなタイミングでどのくらいの量を飲めばいいのか、意外と知られていないようですので、詳しく解説していきましょう。

登山では、皆さんの想像以上に体内の水分が失われていきます。その量は左上の計算式で導き出すことができますが、おおまかにいえば、1時間あたり250～500ミリリットル。つまり、3時間かけて登る山なら1・5リットルもの水分が体外へ放出されるわけです。

水分が不足すれば、当然のことながら脱水状態になり、力が出なかったり気分が悪くなったりするなど、体調不良の原因になることはいうまでもありません。また、汗になる水分もなくなってしまうと、熱中症の危険性も高まります。汗が皮膚の上で蒸発するときに、気化熱の作用で体内の熱が放出され、これによってほどよい体温が保たれるのですが、その汗をかけなくなれば体温は上がる一方になってしまうのです。

このような状態に陥らないためには、どのように水分を補給していったらいいのでしょうか。

理想をいえば、点滴をしながら登るのがベスト。体内に直接水分を注入するわけですから、消化吸収のためのカロリー消費もなく、極めて合理的です。しかし、これはもちろんあり得ない話。

点滴に最も近い水分補給方法といえば、やはりハイドレーション・システムでしょう。ザック内の水筒に吸引チューブを装着し、このチューブをいつでも咥《くわ》えられる位置に引き出しておけば、歩きながら小まめに水分補給ができるというものです。これが登場したときには、私もすぐさま飛びつきました。しかしながら、黴《かび》が生えやすく、洗浄も思いのほか面倒。アイデアは申し分ないのですが、けっきょく使うのをやめてしまいました。

　となりますと、水分補給のことを常に意識しながら、頻繁にちょっとずつ補給していくしかありません。1時間に250〜500ミリリットルの水分補給が必要とはいえ、一度にこれだけの量を飲んでしまうと胃のなかがタポタポになってしまいます。水分の吸収速度は食べ物に比べれば速いものの、瞬時に吸収されるわけではないからです。

**登山で失われる水分量(㎖)**

体重(kg) × 行動時間(h) × 5

1回の補給量は50～100ミリリットルが目安。つまり、少なくとも10分おきに補給しなくてはならないのですが、そのつどザックを降ろしていると歩行ペースが乱れてしまうので、歩行中でも手が届くザックのポケットなどに容器を入れておく必要があります。

喉が渇いてから飲む、または休憩のタイミングまで我慢する、という人も多いようです。しかし、水分の欠乏量と喉の渇きは比例しているわけではありません。とくに高齢になると、その傾向が顕著になることは、熱中症予防のためにテレビなどでアナウンスされているとおりです。

仮に飲みすぎたとしても、過剰分は尿として排出されるので心配無用ですが、足りない場合はどうしようもなく、脱水状態へ一直線となってしまいます。なるべく多めに持参して、どうしようか迷ったら飲んでおくのが正解。水分補給を習慣化させることを目指すようにしてください。

## スポーツドリンクは必須ではない？

運動中の水分補給に適した飲み物というと、まっ先にスポーツドリンク（大塚製薬の「ポカリスエット」や日本コカ・コーラの「アクエリアス」など）を思い浮かべる人が多いのではないでしょうか。実際、多くの人がこれを飲んでいるように見受けられます。

汗をかくと、水分とともに塩分（ナトリウムなどの電解質）も体外へ放出されますが、スポーツドリンクならそれも同時に補うことができ、さらにエネルギー源となる糖分も含まれているので、登山の際の水分補給には適切といえるでしょう。

ただし、スポーツドリンクの飲みすぎには注意が必要です。ナトリウムの摂取過多になって、下山してから足にむくみが出ることがあるからです。

ナトリウムが不足してくると、細胞の活動が衰えるため力が出なくなったり、本当に足りなくなると痙攣《けいれん》を起こしたりすることもあります。とはいえ、これは極端に減ったときの話。

じつは、汗とともに失われる電解質の量はそれほど多くありません。たっぷり汗をかくと塩を吹いてシャツなどが白くなることがありますが、塩を吹くのは歩き始めてからしばらくの間だけ。それ以降は、汗に含まれる電解質の割合が減ってくるのです。

ちょっと塩を吹くくらい電解質が失われたとしても、無理して補う必要はないというのが、正直なところ。お茶にも少量ながら電解質が含まれているので、それで充分ともいえるでしょう。行動中にゼリー飲料などでエネルギー補給をすれば、これにも電解質が入っていますし、それでも心配な場合は塩飴などで補うこともできます。

スポーツドリンクは、どちらかというと瞬発力を要するような激しい運動に適するように設計されていて、飲みやすくするために糖質も多めに加えられています。エネルギー補給の項で述べたように、血糖値が必要以上に上がるとインスリンが分泌されて血糖値が下がるので、登山の際にスポーツドリンクを飲むときは、この点を考慮に入れることも大切です。

こう記しますと、スポーツドリンクを否定しているように受け取られかねませんが、決してそうではなく、肝心なのは状況に応じて飲み分けが必要ということ。スポーツドリンクを飲む場合は電解質の喪失量が多い登り始めだけにして、それ以降は水やお茶に変えるのがおすすめです。

ちなみに、電解質が不足すると足が攣《つ》りやすくなるといわれますが、これは血流が筋肉の動きに対して少ないために起こることが多いようです。富士山などの高山に行くと、短パンで登っている人の足が攣っている光景を見かけることがありますが、これは冷たい風で足が冷やされて血管が収縮しているのが原因。その証拠に、少し温めてマッサージすればすぐに治ります。

足が攣ったときには芍薬甘草湯《しゃくやくかんぞうとう》が効くというのも場面次第。大切なのは、とにかく筋肉を休ませて、不足している酸素や栄養を筋肉に行き渡らせることです。

## 経口補水液を手づくりしても

口に入れた水分は、腸管内壁を通じて細胞に移動していくのですが、スポーツドリンクのように糖分や塩分が含まれていると、その移動速度は速くなります。コンビニエンスストアや自動販売機で手軽に入手できる等張性（アイソトニック）のスポーツドリンクは、血液と同じ浸透圧になっていて、水やお茶よりも速やかに吸収されるため、胃がタポタポになりにくいというのも利点といえるでしょう。

この細胞への移動速度をさらに速くするために塩分と糖分の分量を調整したのが、「飲む点滴」ともいわれる経口補水液（大塚製薬の「ＯＳ－１」など）。下痢などによる脱水症状に苦しむ発展途上国の子供たちのために、点滴の設備がなくても水分補給ができるようにＷＨＯ（世界保健機関）が開発したものがベースになっているだけあって、スポーツドリンクよりもスピーディーに水分を吸収することができます。

とはいえ、いささか値が張るので、登山のたびに用意するのも躊躇《ためら》われるのでは。

## 体内における水分の移動速度

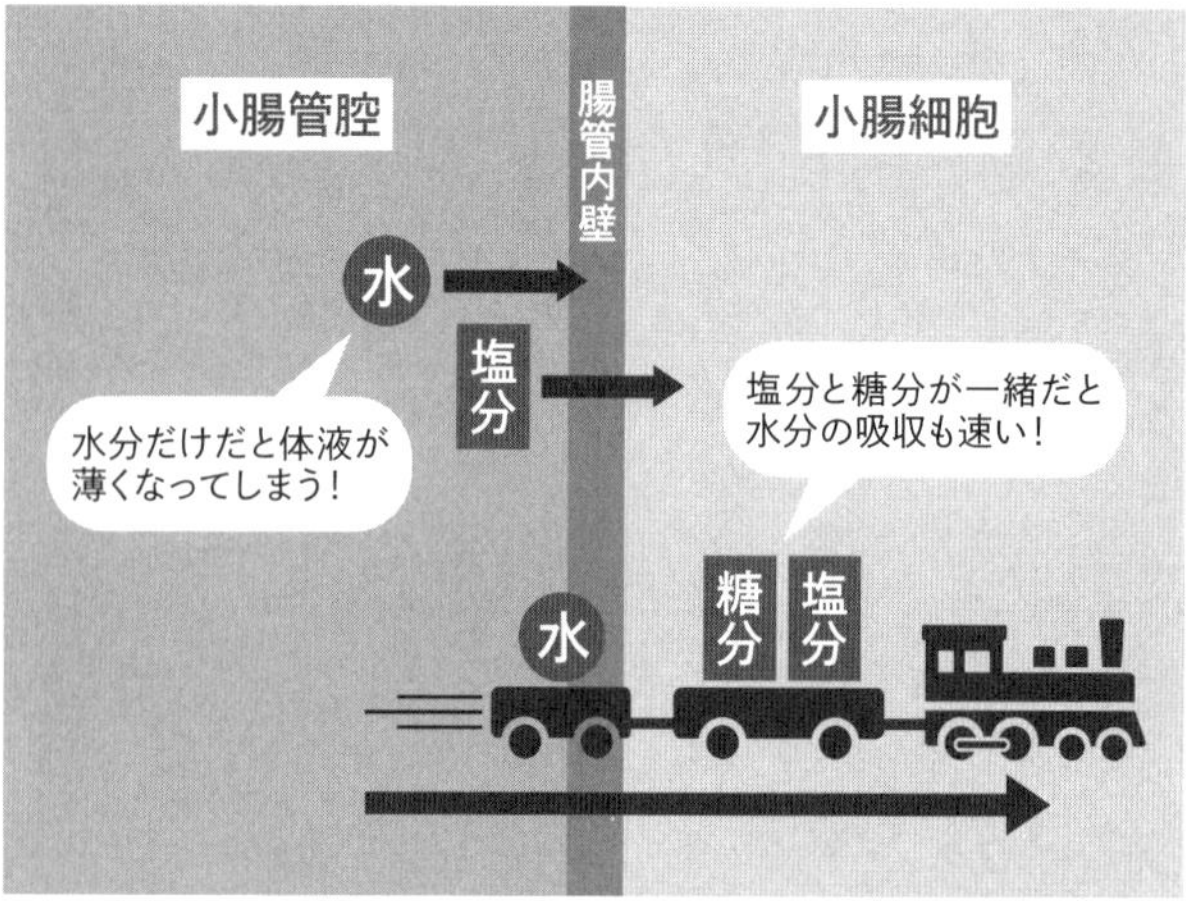


そんな場合は、スポーツドリンクを使って手づくりしてはいかがでしょうか。

作り方はいたって簡単。0・8パーセントの食塩水（水1リットルに塩8グラムを溶かす）を用意して、スポーツドリンクと食塩水をおおむね半々から3対2ぐらいの割合で混ぜ合わせるだけです。既製品とぴったり同じにはなりませんが、セオリーに見合った自分専用の経口補水液を安価で作れるのはなによりといえるでしょう。

ただし、スポーツドリンクと同様に飲む量にはくれぐれもご注意ください。飲みすぎると電解質（とくにナトリウム）の過剰摂取になってしまうので、こちらも水やお茶と併用することをおすすめします。

## スポーツドリンク・経口補水液の成分比較（100mℓあたり）

| 商品名（メーカー） | カロリー（Kcal） | 糖・炭水化物（g） | ナトリウム（mg） | カリウム（mg） | カルシウム（mg） |
|---|---|---|---|---|---|
| ポカリスエット（大塚製薬） | 27 | 6.7 | 49 | 20 | 2 |
| ダカラ（サントリー） | 17 | 4.2 | 12 | 25 | 17 |
| アミノサプリ（キリン） | 24 | 6.0 | 44 | 5 | 2 |
| アクエリアス（日本コカ·コーラ） | 19 | 4.7 | 34 | 8 | 0 |
| OS-1（大塚製薬） | 10 | 4.3 | 115 | 78 | 2.4 |

## 経口補水液（OS-1）の成分（100mℓあたり）

| 成分 | |
|---|---|
| エネルギー | 10kcal |
| タンパク質 | 0g |
| 脂質 | 0g |
| 炭水化物 | 2.5g |
| 食塩相当量 | 0.292g（ナトリウム11mg） |
| カリウム | 78mg |
| マグネシウム | 2.4mg |
| リン | 6.2mg |
| ブドウ糖 | 1.8g |
| 塩素 | 177mg |

スポーツドリンクと食塩水をほどよい割合で混ぜ合わせると、経口補水液とほぼ同じバランスになる

## 汗をかくことの重要性

汗をかきたくないから、水分補給を控えるという声を聞くことがあります。しかし、これは完全なる誤解。摂取する水分量と汗の量に関連性はありません。水を多く飲んだために尿が増えることはありますが（さほど汗をかかなかった場合）、汗の量が増えることはないのです。

汗をかく最大の目的は体温調整にほかなりません。運動していると、おのずと体内の温度が上がっていきますが、その上がりすぎを防ぐために汗をかき、その気化熱によって熱を発散させることは、先にも少し触れたとおりです。その汗をかく水分が枯渇してしまうと、熱は体内にこもるばかりになり、熱中症の危険性が高まっていきます。

また、とくに更年期を過ぎた女性に多いのですが、顔だけ汗をかいて、手足や体幹部はサラサラという人がいます。これは、顔以外の汗腺が退化しているのが原因。日ごろから全身で汗をかくような運動をしている人は問題ありませんが、そうでない人は、そこまで汗腺は要らないと体が自然に判断して、露出している顔以外の汗腺が少なくなってくるのです。

人間が体温を下げるためには、汗をかくしか術《すべ》がありません。犬のように舌を出してハアハアと息を吐けば、汗と同様に気化熱の作用で放熱できますが、人前でこれをやるのはさすがにみっともないかもしれません。全身運動を習慣化させれば衰えた汗腺が蘇ってくるので、顔だけ汗をかく人はぜひ意識してみてください。

あと、歩行中はそれほど汗をかいていないにもかかわらず、止まった途端に汗が噴き出してくることがあります。これは、運動中は筋肉のほうへ行っていた血流が、止まるのと同時に皮下のほうへ移ってきて汗腺の活動を促すためです。前記のように物を食べれば血流は胃腸のほうへ移動するなど人間の体の特性を知っておけば、より効率的に山へ登れるのではないでしょうか。

## 冬でも水分補給が必要

汗をあまりかかない冬場などは、歩行によって失われる水分量はおのずと減ってきます。とはいえ、水分が体外へ出るのは汗ばかりではなく、吐く息のなかにも多くの水分が含まれています。先ほど1時間に250〜500ミリリットルの水分が体外へ放出されていると記しましたが、そ

## 気温によって変化する飽和水蒸気圧

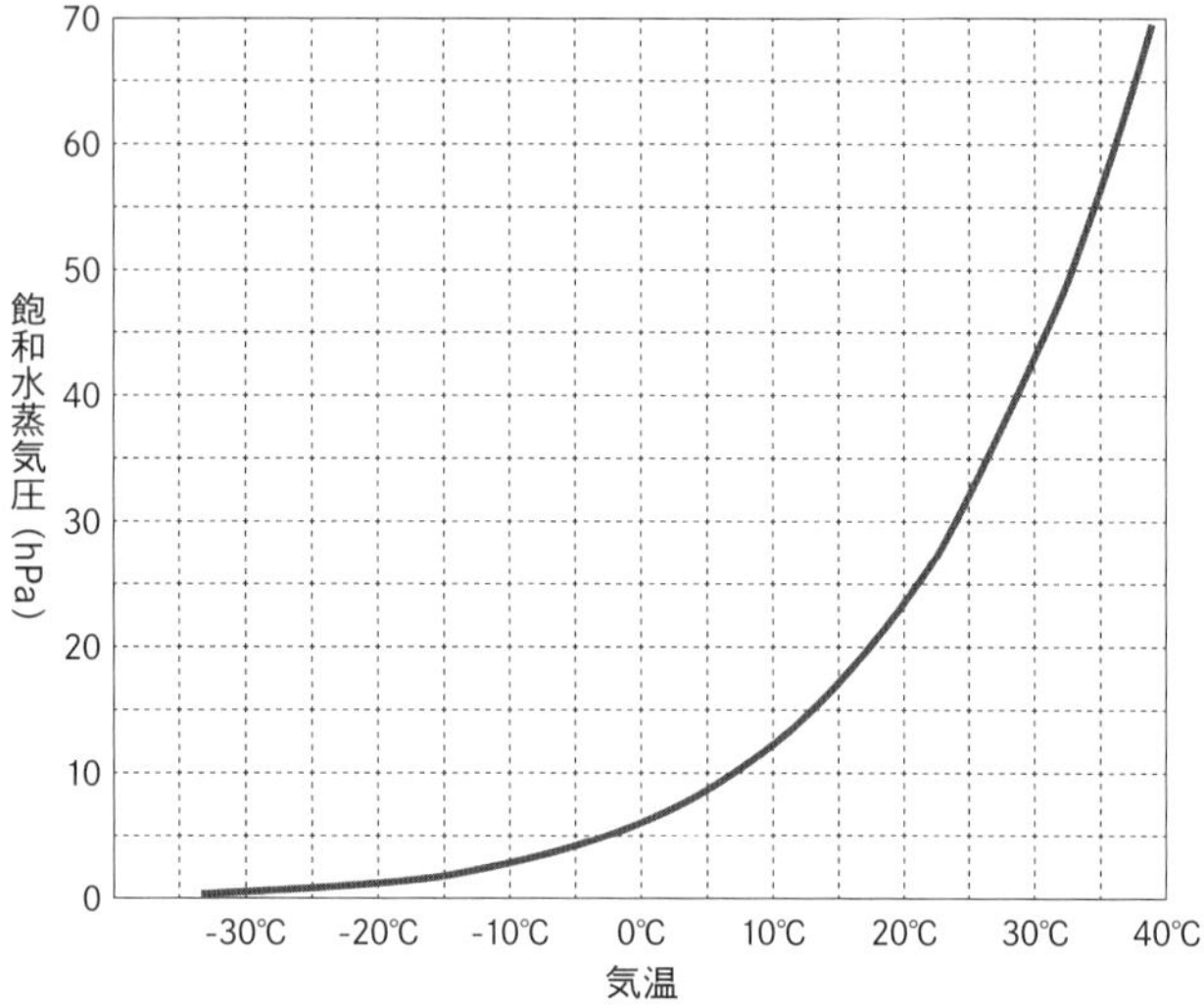


のうちのおよそ半量は呼吸によって放出されているのです。

よく、高山に登るときは積極的に水分補給をするようにといわれますが、これは酸素が薄いことによって呼吸量が増えるためにほかなりません。ゼーゼーハーハーと息が上がってしまうような急勾配の登りにも同様のことがいえます。

冬場は空気が乾燥しがちで、山へ登れば標高を稼ぐにつれて気温も下がってきます。気温が低くなると、それに比例して飽和水蒸気圧（一定の体積の気体のなかに存在する水蒸気の量）も下がります。この水蒸気の少ない空気を吸い込むと、肺の奥へ到達するまでに体内の水分を使って加湿され、その加湿されたものを吐き出すことになります。つまり、気温や湿度の高い季節より、冬場のほうが呼吸による水分放出量が増えるというわけです。

気温が低いと喉の渇きを感じにくくなるため、気づかない人が多いのですが、体内の水分は確実に失われています。汗をかかずとも水分補給は絶対に欠かせないこと、くれぐれも忘れないようにしてください。もちろん、寒いときに冷たい水を飲むと体を冷やしてしまいますし、氷点下になると凍ってしまうこともあるので、保温水筒を活用することもお忘れなく。

## 行程や季節に応じた準備を

ここまでエネルギー補給と水分補給について記してきましたが、補給が必要となるエネルギー源や水分の消費量は、登る山の高さやルート、気温、湿度などによって変わってきます。さわやかな季節に緩めのルートを歩いたり、山野草を愛でながら里山を散策する場合は少ないエネルギーで済みますし、炎天下に急登をこなせば当然のことながら汗の量は増えます。同じ季節でも植生によって日差しの受け方が変わりますし、さほど高くない山でも意外にアップダウンが多かったりすることもあるものです。

登山の計画を立てるとき、コースの環境や行動時間をしっかりと見極めたうえで、持参すべきものを慎重に割り出してください。山に入ってしまったら、もう補充はできません。エネルギー源も水分も、すべて自分が背負っているものに依存するしかなくなるのです。

逆の見方をしますと、いたずらにつまみ食いをしてしまうなど、山のなかでは思いつきで食べたり飲んだりできるわけではありませんので、自身の健康増進のための栄養管理を甘えを許さずに実践するには、登山の環境は極めて有利と考えることもできるでしょう。

# 山上での食事術

## 日帰り登山の昼食

「A good appetite is a good sauce.」(空腹は最良のソース)という英語の諺《ことわざ》があります。お腹が空いているときはなにを食べてもおいしい、といった意味です。

人間の味覚は、そのとき体が必要としているものを食べたくなり、それがおいしく感じられるようになっています。山頂直下の急登でエネルギーを使い果たした場合は甘いものが欲しくなり、電解質が不足していれば塩辛いものを食べたくなるものです。

山頂での昼食の定番といえば、おにぎり、パンやサンドイッチ、カップラーメンや即席うどんといったところでしょうか。冬場は水分が凍ってガチガチになるおにぎりを避けるなど、皆さんいろいろと工夫されていることと思います。

これらの定番メニューは、繰り返し食べつづけてきた結果、けっきょくそれがいいということで絞り込まれてきたものなので、そのまま踏襲してなんら問題はありません。体が欲するものを選択していった結果、合理的なところに行き着いたといえるでしょう。

その証拠に、代表的な2種の定番メニューを栄養管理の指標で分析してみたところ（130〜133ページ参照。各成分は市販品を参考にした概数で、データ表示のないものは省略）、大きな問題点は見つかりませんでした。あえていえば、代謝の落ちてきた中高年が半日コースをのんびり歩くときの昼食としては、カロリーと塩分がちょっと多すぎるかもしれません。少なくとも、下山後の夕食は控えめにする必要があるように思われます。

いずれにしても、留意が必要なのは、まだ下山という行程が残っていますので、そのエネルギー源となる炭水化物（糖質）を摂っておきたいこと。それに加え、これは登山前の注意点と共通しますが、食べる量を必要最小限にとどめ、胃のなかでほどよく吸収されてから行動を開始するということです。

食事休憩のあと下山に取りかかると、足が重たく感じられることがよくありますが、これは血流が胃腸のほうへ行っているためにほかなりません。歩き始めると胃腸と筋肉で血流の奪い合いになり、胃腸のほうが勝れば足が重くなり、筋肉のほうが勝れば消化が悪くなります。

下山の行程を考えて一刻も早く出発したいときも、少なくとも食後30分、できれば1時間以上のんびりと休んでから歩き始めたほうが、よりよい筋肉パフォーマンスを得ることができるでしょう。

山頂での食事は下山のエネルギー源となるものをチョイス。おにぎりでもパンでもご随意に

逆に考えますと、フライパンで肉を焼くなど、本格的な調理をする豪華ランチをメインイベントにしたハイキングの場合は、すぐ林道になるコース取りにしたり、下山口に近いところまで下りてきてからランチタイムにするなど、食後の行程を少なめにすることが肝心、ともいえます。

または、昼食を「行動中の栄養補給」の一環として捉え、できるだけ胃に溜まらないもの――たとえばゼリー飲料にカロリーバーといったものにとどめるのも一案。テント泊縦走などの場合、昼食は行動食で済ませてテント場に着い

◆日帰り登山の定番ランチ①

## おにぎりと豚汁を中心に

**注目ポイント**

日帰り登山のランチといえば、やはり梅干しのおにぎりが定番ではないでしょうか。これに具材が多めの汁物を取り合わせ、意外と炭水化物が多く含まれている魚肉ソーセージと、タンパク源となるプロセスチーズをおまけにつけます。これなら、お湯を沸かすだけですぐさま食べられるのがなにより。塩分がちょっと多めながら、エネルギー源となる糖質はしっかり補給できる合理的な組み合わせになっています。

| 脂質(g) | 炭水化物(g) | カルシウム(mg) | ビタミンD(μg) | 食塩相当量(g) |
|---|---|---|---|---|
| 0.8 | 72.6 | 6 | 0 | 2.2 |
| 1.5 | 5.2 | — | — | 2 |
| 3.6 | 7.9 | 219 | — | 1.1 |
| 4.7 | 0.2 | 113 | 0 | 0.5 |
| 10.6 | 85.9 | 338 | 0 | 5.8 |

## 日帰り登山の定番ランチ①の栄養成分

| | 熱量 (kcal) | タンパク質 (g) |
|---|---|---|
| 梅干しのおにぎり2個 | 328 | 6.4 |
| インスタント豚汁 | 46 | 2.9 |
| 魚肉ソーセージ1本 | 86 | 5.5 |
| プロセスチーズ1切れ（18g） | 56 | 4.1 |
| 合計 | 516 | 18.9 |

◆日帰り登山の定番ランチ②

# 蒸しパンとスープを中心に

**注目ポイント**

蒸しパンはしっとりしているので、口が乾き気味でも飲み込みやすいのが利点。クラムチャウダーやコーンポタージュ、トマトスープなどのインスタントスープもコンビニなどで簡単に入手できるので便利。個包装されているスライスハムは、そのまま食べられるため、タンパク源として重宝する食品です。食物繊維やビタミン源となるリンゴは、皮をむかずに持参し、欧米流にそのまま丸かじりしましょう。

| 脂質 (g) | 炭水化物 (g) | カルシウム (mg) | ビタミンD (μg) | 食塩相当量 (g) |
|---|---|---|---|---|
| 12.4 | 55.2 | — | — | 0.9 |
| 1.6 | 0.3 | — | — | 1 |
| 2.5 | 11.1 | — | — | 1.3 |
| 0.6 | 43.4 | 8 | 0 | 0 |
| 17.1 | 110 | 8 | 0 | 3.2 |

## 日帰り登山の定番ランチ②の栄養成分

| | 熱量 (kcal) | タンパク質 (g) |
|---|---|---|
| 蒸しパン1個 | 370 | 7.7 |
| スライスハム5枚 | 71 | 13.7 |
| インスタントクラムチャウダー | 72 | 1.4 |
| リンゴ1個（約280g） | 148 | 0.3 |
| 合計 | 661 | 23.1 |

ゼリー飲料とカロリーバー。合計カロリーは、130〜131ページの「日帰り登山の定番メニュー①」とほぼ同じになる

てからしっかり食べるようにと推奨されていますが、これと同じ理論です。グループ登山の場合はちょっと味気ないかもしれませんが、単独行でパパッと昼食を済ませたいときは、これもアリではないでしょうか。朝食と同様に、飲み物だけで午後の行程に必要なカロリーを補給することもできます。

## テント泊登山の夕食

テント泊で縦走するときの食料は、日帰り登山以上に重量が気にかかるものです。皆さんも、少しでも軽くなることを優先的に考えて食事のメニューを選んでいることと思いますが、こちらも定番になっているものを分析してみたところ、栄養学的にけっこう正統派になっていることがわかりました（136〜139ページ参照）。基礎代謝の旺盛な若者が、20キロぐらいの荷物を背負って標高差1500メートル、距離にして15キロほど歩くには必要にして充分。科学的視点で栄養管理の考察をしなくても、体が欲するものを選択していった結果、合理的なところに行き着いたのかもしれません。

私が学生の時分、冬山の長期縦走などの際にはペミカン（アメリカの先住民の携帯食）をよく作りました。簡単にいえば野菜と肉のごった煮をラードで固めたもので、今日はカレー味、明日はシチュー味と変化をつけながら、何日かにわたって使いまわしたことを懐かしく思い出します。

このペミカンは荷物を減らすことと調理の簡便さが主眼だったのですが、改めて考えてみますと、じんわりと吸収される難消化性の炭水化物（イモ類）、タンパク源となる肉、ゆるやかにエネルギーとなっていく脂質が過不足なく入っていて、栄養学的に見ても極めて合理的です。

また、ペミカンに多めの水を合わせて味噌で味をつければ豚汁、醤油味なら巻繊汁《けんちん》になり、これで行動中にマイナスになっていた水分も補っていました。この汁物を加えれば、一日トータルの水分摂取量は2・5リットルくらいになり、こちらのバランスも非常によかったと思います。

◆テント泊登山の定番ディナー①

# レトルトカレーとツナ缶

**注目ポイント**

温めるだけのレトルトカレーをパックご飯にかけ、おかずになるツナ缶と味噌汁を添えるテント泊では定番の夕食メニュー。お湯を沸かす鍋の蓋の上でカレーを温めると燃料も節約できます。夕食後に星空を眺めながら、サラミソーセージをつまみにウイスキーをチビチビやるのも、テント泊の魅力でしょう。カレーをシチューや牛丼に、ツナ缶をサバ缶やサケ缶に変えると、また違った味わいの夕飯になります。

| 脂質 (g) | 炭水化物 (g) | カルシウム (mg) | ビタミンD (μg) | 食塩相当量 (g) |
|---|---|---|---|---|
| 1.1 | 82.7 | — | — | 0.01 |
| 18.2 | 21.6 | — | — | 2.7 |
| 0.8 | 3.2 | — | — | 2 |
| 18.6 | 0.1 | 2.8 | 1.4 | 0.6 |
| 42 | 2.6 | 27 | 0.5 | 4.3 |
| 0 | 0 | 0 | 0 | 0 |
| 80.7 | 110.2 | 29.8 | 1.9 | 9.61 |

## テント泊登山の定番ディナー①の栄養成分

| | 熱量(kcal) | タンパク質(g) |
|---|---|---|
| ご飯1パック | 366 | 6.3 |
| レトルトカレー1袋 | 279 | 7.2 |
| インスタント味噌汁1人前 | 30 | 2.6 |
| ツナ缶1個(70g) | 215 | 11.8 |
| サラミソーセージ1本 | 495 | 26.7 |
| ウイスキー 50㎖ | 125 | 0 |
| 合計 | 1510 | 54.6 |

◆テント泊登山の定番ディナー②

# 炊き込みご飯を中心に

**注目ポイント**

鶏肉や根菜などの入ったインスタント炊き込みご飯を中心とした和食系にするのも、テント泊では定番。アルファ米に炊き込みご飯の素を混ぜてもいいでしょう。レトルトのミートボール（肉団子）やハンバーグは温めるだけなので、手間をかけずに格好のおかずになります。もう一品は日替わりの缶詰で。晩酌も和風にするならば、駅の売店などで売っている紙パックの日本酒に笹かまぼこを合わせると相性抜群です。

| 脂質 (g) | 炭水化物 (g) | カルシウム (mg) | ビタミンD (μg) | 食塩相当量 (g) |
|---|---|---|---|---|
| 3.8 | 78.7 | — | — | 1.8 |
| 4.6 | 9.6 | 10 | 0 | 1.4 |
| 0.8 | 3.2 | — | — | 2 |
| 27.8 | 13.2 | 420 | 10 | 2.2 |
| 1.5 | 3.28 | — | — | 0.65 |
| 0 | 0 | 7 | 0 | 0 |
| 38.5 | 116.98 | 437 | 10 | 8.05 |

テント泊登山の定番ディナー②の栄養成分

| | 熱量 (kcal) | タンパク質 (g) |
|---|---|---|
| インスタント炊き込みご飯1パック | 377 | 6.9 |
| レトルトミートボール1人前 | 97 | 4.4 |
| インスタント味噌汁1人前 | 30 | 2.6 |
| サバ缶1個（200g） | 434 | 32.6 |
| 笹かまぼこ1本 | 27.75 | 3.36 |
| 日本酒180㎖ | 198 | 0.9 |
| 合計 | 1163.75 | 50.76 |

炭水化物と脂質を比べると、グラムあたりのカロリー量は脂質のほうが倍以上多いため、同じエネルギー量を得るのであれば脂質のほうが軽量で済みますが、現在はフリーズドライという文明の利器が登場し、炭水化物も持参しやすくなりました。脂質は消化に時間を要するため、お腹がもたれてどうしてもパフォーマンスが下がってしまいますが、フリーズドライの炭水化物ならそれを防ぐことができます。

また、日程が長期にわたる場合は、その間も体は細胞分裂をつづけているので、タンパク質や食物繊維も必要となってきます。1か月を越えるような場合はビタミンやミネラルの補給も不可欠となりますが、場所柄さまざまな食品から摂るわけにはいかないので、サプリメントに頼らざるを得ないことも。しかし、2~3日程度の縦走であればそこまでする必要はないでしょう。

食物繊維といえば、また昔話になってしまいますが、学生のころ、1週間単位の合宿に出かける際に、「山頂で食べているところの写真を撮ってこい」との宿題とともに、先輩たちがカボチャやスイカなど、繊維質の多いものを差し入れてくれたものです。なんとも重たいので、単なる後輩いじめではないかと訝《いぶか》ったものですが、これは山のなかでの脱水防止、ビタミン補充、便秘対策に配慮してくれたのだと信じたいと思います。

## テント泊登山の朝食

とにかく忙《せわ》しないテント場の朝。夜の明ける速度と競争するように慌ただしく朝食を済ませなくてはならないので、そのメニューは調理に手間がかからない餅入りのうどんやラーメンなどが定番になっています(次ページ参照)。

誰が始めたのかはわかりませんが、この「餅入り」というのがポイント。食後、コンロを片づけてテントをたたんでパッキングをして……と1時間くらい経つうちに、餅が胃のなかでじわじわと分解されてきて、出発するときには筋肉がベストの状態になっている——これは栄養学的に見て申し分ないことだと思います。餅には普通の白いご飯よりも糖質が多く含まれ、しかも前記のように分子が長い消化に時間のかかるデンプンですから、血糖値をゆるやかな速度でじんわりと上げてくれるのです。

もちろん、餅にかぎらずほかのメニューにしても構いませんが、その場合も食べてから出発までの時間ができるだけ長いほうがいいことは、繰り返し記しているとおり。先にテントをたたん

◆テント泊登山の定番朝食

# 餅入りインスタントラーメン

**注目ポイント**

山の朝食は時間との勝負です。日の出とともに歩き出すためには、その前に食事、トイレ、テントパッキングなどを要領よく済ませなくてはなりません。とにかく時間がないので、朝食はインスタントラーメンに切り餅2個を載せるくらいの簡便なものが定番でしょう。沸かしたお湯のあまりに紅茶のティーバッグを入れ、食器を濯ぎつつ、水分もしっかり摂取。こうすれば、10～15分で朝食と食器洗浄が完了します。

| 脂質 (g) | 炭水化物 (g) | カルシウム (mg) | ビタミンD (μg) | 食塩相当量 (g) |
|---|---|---|---|---|
| 17.1 | 62.6 | 200 | — | 5.6 |
| 0.6 | 50.8 | 3 | 0 | 0 |
| 0 | 0 | 0 | 0 | 0 |
| 0 | 2 | 2 | 0 | 0 |
| 17.7 | 115.4 | 203 | 0 | 5.6 |

テント泊登山の定番朝食の栄養成分

| | 熱量 (kcal) | タンパク質 (g) |
|---|---|---|
| インスタントラーメン1人前 | 445 | 10.2 |
| 真空パックの切り餅2個 (50g×2) | 223 | 4 |
| 紅茶 | 0 | 0 |
| スティックシュガー1本 (2g) | 8 | 0 |
| 合計 | 676 | 14.2 |

でしまってからご飯にしよう、などとは考えず、目が覚めたら、いの一番に朝食を済ませるようにすると、この日の歩行パフォーマンスが格段に変わってくるはずです。

## 山で調理する際の注意点

キャンプブームの影響もあってか、とくに若い人がアウトドアグッズを駆使しながら山頂で調理をしている光景をしばしば見かけるようになりました。山の上での食事は本当においしく感じられますので、食後の運動パフォーマンスが下がることさえ覚悟できるのであれば、そこは自由に楽しんでいいと思います。

また、栄養管理に気を遣いすぎると、管理された給食を提供されているかのような束縛感を覚えて、せっかくの登山の楽しみが削がれてしまうかもしれません。旬ならではの材料を使って季節感を演出するなど、自由な発想で山上のランチを満喫してください。

ちなみに、春のフキノトウ、秋のキノコなどは、ビタミンなどの栄養素も豊富なので、山でのランチにはおすすめです。ただし、自然保護のためはもちろん、地権者から認可を受けなくてはならない場合もあるため、現地調達という発想は持たないように。あらかじめ調達し、下ごしらえまで済ませてから山に携行したほうがいいでしょう。

さて、山のなかで調理をする際は、当然のことながら自宅のキッチンのようにスムーズにはいきません。キッチンと異なる点を挙げると、次のようになります。

・水を含め、運んでいった材料と道具以外は使えない。
・移送中の温度管理や衝撃緩和には限界がある。
・雨や風の対策が必要な場合が多い。
・作業時間が限られている。
・茹《ゆ》でこぼしを含め、液体を流すことを避けなくてはいけない。
・残飯やゴミはすべてザックに入れて持ち帰ることになる。

このようにさまざまな制約に縛られるわけですが、なかにはちょっとした工夫をすれば回避できることもあります。

たとえば、水場のそばで調理すれば荷物を軽量化できますし、冬場ならば雪を溶かすことによって水を調達することも可能です。石を積み重ねたり雪を押し固めたりして防風壁を作れば熱効率が上がって燃料を節約できますし、倒木や大きな葉を利用して箸や皿を作ることもできるでしょう。冷却材や緩衝材での保護が不要な材料を選べば、移送時の不安も解消されます。

また、急に天候が崩れるなどして計画どおりに調理できない場合もあります。肉や野菜といった生のままでは食べられないものは、下茹でするなどある程度まで火を通しておくと、調理時間が短縮できるのはもちろん、いざというときにはそのまま食べてエネルギー源にすることができるのではないでしょうか。

あと、もうひとつ忘れてはならないのが「環境を汚染しない」ことです。茹でこぼしの水や揚げ物の油は持ち帰りが大変なので、このような調理法は避けなくてはなりません。もちろん、材料の切れ端や食べ残し、汚れた食器などもすべてそのまま持ち帰らなくてはならないため、極力ゴミが出ない、食器も汚れにくいメニューを選ぶことも大切です。

長期縦走の際には、煮炊きした鍋でお茶を沸かし、米粒などが浮いたお茶を各人の食器に注いで、その食器の表面を洗うようにしながら飲む、といった技が使われます。ティーバッグの場合は、それをチュウチュウと吸い、水気がなくなってからゴミにするという作法も。これが、山のなかならではの「お行儀よい」食事術なのです。

## 食後の排泄

食べ物が胃腸に入ると、副交感神経の活動が高まり、それと同時に胃腸の蠕動《せんどう》運動（消化管の収縮によって起こる波のような動き）を促進するモチリンなどの消化管ホルモンも分泌されるので、胃腸の平滑《へいかつ》筋運動（内部のものを移動させる動き）が活発になります。新たに入ってくる食べ物を消化吸収するために、すでにあるものを押し出して、新たなスペースを確保する必要があるからです。するとどうなるかというと——当然のことながら、出口に近い大腸の動きも促され、便意を催すようになります。

山のなかでは、補給のことだけでなく排泄に関する注意も欠かせません。登山口と山小屋以外には基本的にトイレがないため、登山道をそれた灌木《かんぼく》の陰などで用を足すことになりますが、かならず携帯トイレを持参して、持ち帰りを徹底させましょう。やむを得ず携帯トイレを使わずに用を足さなくてはならなくなった場合は、使用したトイレットペーパーやティッシュペーパーをビニール袋などに入れて持ち帰るのがルールで、そのまま置き去るのはご法度。これらは土壌のなかでは分解されにくい素材ゆえ、環境汚染につながってしまうからです。

ちなみに、人間の大便は水分が70〜80パーセントを占め、それ以外の固形成分は、消化しきれなかった残渣《ざんさ》（残り滓《かす》）、脱落した消化管の粘膜と代謝物、腸内細菌（死菌と生菌）が3分の1ずつとなっています。気温と湿度の低いチベットなどの高所では、繊維質の多いヤクの糞を乾燥させて燃料として利用することがよく知られていますが、気温と湿度の高い日本でヒトの糞を乾燥させるには非常に長い時間がかかり、特別な装置を使わないかぎり燃料として使うのは困難です。

## 非常食について

山上での食事術の最後に、できることなら食べずに済ませたいもの——非常食についてちょっと触れておきましょう。

繰り返し記しているように、人間の体はエサにありつけなかったときのためにエネルギー源を脂肪という形で貯蔵するようにできています。毎日毎日、決まった時間に食べられるというのは、生物学的に見れば非常に特殊な状況で、じつのところなにも食べなくてもしばらく耐えられるように人間の体は作られているのです。

「3の法則」というのをご存知でしょうか。息ができなければ3分間、充分な血流を維持できなくなると3時間、水を飲めなければ3日間、物を食べられないと3週間で人間は死に至る（またはかなりの後遺症が残る状態になる）ことを示す法則で、災害救助の際によく「72時間（3日間）の壁」といわれるのは、このことを現わしています。

これを山での遭難に当てはめてみると、なによりも大事なのは水だということがおわかりいただけるでしょう。なにも食べるものがなくても、水さえ飲むことができれば、3週間は生き延びることができるわけです。

とはいえ、非常食をおろそかにしていいというわけではありません。筋肉の力が衰えてくると滑落の危険性が高まりますし、体温維持のために震えるにもエネルギーを必要とするので、それが枯渇すると低体温症に陥る虞《おそれ》も出てきます。飢えによる遭難死の事例はほとんどなく、死因の大半は外傷などによる出血か低体温症によるもの。その可能性を回避するためにも、山へ登る際には非常用のエネルギー源を持参するのが絶対条件になります。

非常食は体を動かす燃料に当たる炭水化物（糖質）を選ぶのが基本的な考え方。ただ、炭水化物は重量面で不利なので、質量あたりのエネルギー量が高い脂肪分を加えることもあります。もちろん、火を使わずにそのまま食べられて、保存性が高いものを選ぶことも重要です。

非常食として最もポピュラーな乾パンは炭水化物の水分を飛ばして軽くしたもの、バランス栄養食品（大塚製薬の「カロリーメイト」など）は炭水化物に脂肪を合わせたもの、といえばご納得いただけるのではないでしょうか。

干しブドウ（主に糖質）とナッツ類（主に脂質）を持参する人もいますし、水が得られると考えればアルファ米も格好の非常食になります。

# 下山後の食事術

## 危険が潜む脱水状態での入浴

昼食を済ませ、雄大な眺望を心ゆくまで満喫したら、いよいよ下山。下りとはいえつらいシチュエーションはあるものの、麓には温泉、そしてキリッと冷えたビールが待っていると思えば、足取りも軽くなろうというものです。

そして、仲間内でこんな会話を交わすのではないでしょうか。

「湯上がりのビールのために、水を飲むのは控えておこう」

「喉が渇いているほうがビールはおいしく飲めるからね」

先にも記したように、たとえ汗をかいていなくても、吐き出す息によって体内の水分は放出さ

脱水状態で入浴すると、意識喪失ばかりでなく、脳梗塞や心筋梗塞を引き起こす可能性も高まる

れつづけています。下りなので1時間に500ミリリットルまではいかないかもしれませんが、相当な量の水分が体から失われていることに変わりはないのです。

この会話の主のように水分不足のまま入浴すると、どんな結果が待っているのでしょうか――。

体内の水分が少なくなると、血流量が減少して血圧が下がるのですが、この状態で風呂に浸かると、血管が拡張して血圧がさらに下がります。すると、脳に行く血液がなくなってしまうため、スーッと意識が遠のいていって、そのままズブズブとお湯のなかへ……。もし周囲に誰もいなければ、別の世界へ旅立つことにもなりかねません。

だからといって、反対にビールを飲んでから入浴するのもまた危険。アルコールにも血管を拡張させる作用があるため、ともすると同様の結果を招くことになってしまいます。

下山時もやはり小まめな水分補給が必要なこと、これでおわかりいただけるでしょうか。

なお、入浴後に体重を測ると、数百グラム、場合によっては1キロ以上減っていることがあります。ダイエット中の人は大喜びされるかもしれませんが、これは体内の水分が減っているためで、一時的なことにすぎません。水分を補給して日常生活に戻れば、すぐ元の体重になります。

## ご褒美食はほどほどに

怪我もなく無事に登山口へたどり着き、心身ともに緊張が解けると、ふと気が大きくなって「今日は頑張ったから夕食は豪勢に……」とお考えになること、よくあるのではないでしょうか。それはそれで結構なことなのですが、ときにはちょっと行きすぎてしまうこともあるようです。

たとえば、仲間たちとともに日本百名山へ登りに遠方まで出かけ、下山後に麓の観光ホテルに泊まったとしましょう。

まずは温泉で汗を流し、さっぱりとした浴衣《ゆかた》に着替えたら、塩味の利いた漬物をサカナに生ビールを大ジョッキで1杯（300キロカロリー）。下山中にきちんと水分補給をしていたとしても、たいていの場合はまだ水分が不足しているので、本当においしく感じることでしょう。そしてお替わりをもう1杯（300キロカロリー）飲んでから夕食会場へ。

夕食は地元産の和牛霜降り肉のすき焼きをメインとして、刺し身、天ぷら、茶碗蒸し、豚汁、そば、抹茶のムースといったところが定番でしょうか（2000キロカロリー）。食事中はぬる燗の日本酒を差しつ差されつ3合飲みました（550キロカロリー）。

山談義が盛り上がって、そのまま別れ別れに部屋へ戻るのは惜しくなり、カラオケルームへ移動して、チーズ（50キロカロリー）とチョコレート（200キロカロリー）をつまみながら焼酎の梅割りを3杯（150キロカロリー×3）。調子にのって歌いまくっていたら小腹が空いてきたので、塩バターラーメン（500キロカロリー）と餃子（200キロカロリー）、ビール中瓶1本（200キロカロリー）で仕上げをしました。

さて、この夜の摂取カロリーはどのくらいになるでしょうか。合計すれば4750キロカロリー。朝から歩きつづけて日常生活よりも1000〜1500キロカロリーくらい多く消費したとしても、なんとその数倍摂取していることになります（アルコールは代謝を亢進させ、肝臓で分解する際にもカロリーを消費するといわれることもありますが、その現象はここでは無視しておきましょう）。カラオケ以降はなかったとしても3150キロカロリーで、こちらも消費カロリーを大きく上回っています。もちろん、朝食と昼食ですでにカロリーを摂取しているのですから、誰がどう見ても明らかに過剰です。

もちろんこれは極端な例で、通常の日帰り登山ではもう少し控えめだとは思いますが、消費したエネルギーを補給しなくてはと考えて、腹持ちのいいもの（炭水化物）をたっぷり食べる人が多い傾向にあります。また、汗とともにナトリウムが失われ、味の濃いものを欲するようになるため、塩分摂取量も増えがちです。

しかし、ちょっと考えてみてください。この日の登山でエネルギーを使い果たしてしまったかもしれませんが、最後まで歩き通せたということは、足りなくなっているわけではありません。ですから、少なくとも炭水化物を日々の食事を大きく上回って摂る必要はないのです。

人生を楽しむという視点で考えれば、下山後の「ご褒美食」は許容してもぜんぜん構わないのですが、許容しすぎると「一生登れる体をつくる」ための日ごろの努力が無駄になってしまいます。また、毎週のように山へ登る人が毎回ご褒美食を食べる――つまりご褒美食が習慣化してしまうのもちょっと考えものです。その日の行程がご褒美に値するものなのかどうか、改めて考えてみてから食事選びをする必要があるのではないでしょうか。

## 下山後に食べるべきもの

登山直前から登山中にかけてはエネルギー補給のために炭水化物を中心に摂ってきましたが、下山後は食べるべきものが変わります。それはなにかといえば、ずばりタンパク質。山へ登れば筋肉を少なからず酷使するので、どうしても傷んでしまいます。その補修をするためにはタンパク質が不可欠なのです。

筋肉の回復反応は運動直後から始まり、体に入った栄養素は疲労した部分に優先的に回されるため、なるべく早めに補充したほうが回復が早まります。下山後のビールはおいしいものですが、筋肉の早期回復に重きをおくなら、タンパク質を多く含む牛乳を飲んだほうが効果的です。

下山日の夕食も同様。タンパク質が多い肉や魚料理を中心にして、ご飯などの主食より多めに食べるのがおすすめ。居酒屋へ行く場合は、おつまみに焼き鳥や目刺し、玉子焼き、冷や奴などを選ぶといいでしょう。

体をつくるためにはビタミンB群とビタミンCも重要な役割を果たします。これらは水溶性なので、サラダで摂るといいのでは。秋ならキノコ汁、冬なら野菜たっぷりの湯豆腐にして、汁ごと食べればビタミンを余すことなく摂ることができます。

なお、下山時にはエネルギー補給を控えめにしてほどよい空腹状態にすると、体の細胞のなかに使われないまま溜まっているタンパク質が優先的に消化されて、エネルギー源に回るといわれています。すると、いわば細胞が若返って、活動が活発になるという効果が――。めったに着ない衣類や利用頻度の低い雑貨を処分すると部屋の使い勝手がよくなるのと同じことです。

腹ペコの状態で歩くのはつらいのではと感じられるかもしれませんが、そこはご心配なく。お腹が空いたと感じるのは、エネルギーの補充が必要になると脳の視床下部にある摂食（空腹）中枢にグレリンというホルモンが分泌されるからなのですが、運動中はこのグレリンの分泌が抑制されて空腹感を覚えにくくなります。下山してリラックスすると急にお腹が空いてくることがありますが、それはこういうメカニズムになっているからなのです（だからこそついつい食べすぎてしまうわけですが……）。

ちなみに、必要なエネルギーがしっかり補充されると、レプチンというホルモンが同じく視床下部にある満腹中枢に作用し、食欲がなくなります。いわばアクセルとブレーキの関係にあるこの二つのホルモンが交互に活動するのが正常な動物のリズムなのですが、肥満になるとレプチンのほうの反応が鈍ってきて、カロリー摂取を必要としていないときにも空腹感を覚えてしまいます。これによって、さらに肥満度が増してしまうわけです。

このレプチンの感受性を鈍らせないためには、ときどき強い空腹状態を作って刺激することが肝心。下山するとき意図的にエネルギー補給を控えて腹ペコ状態にするのは、細胞を若返らせるためばかりではなく、肥満を防止する意味でも決して悪いことではないといえるでしょう。

## 疲労回復を早めるには

ちょっと話が前後してしまいました。下山後のタンパク質摂取に戻しましょう。運動直後から筋肉の修復が始まると記しましたが、そのつづきです。

この効果が現れるのは——正確にいえばタンパク質が筋肉の修復に取りかかるまでの期間は、歳年齢によって異なります。若い人であれば、すぐ修復作業が始まって翌日には回復しますが、歳を重ねると修復作業のスタートがワンテンポ遅れ、修復スピードも遅くなるため、回復までにおおおむね3〜4日間ほどかかってしまうのです。

よく、翌日になってから筋肉痛が出てくるという話を聞きますが、これがその証拠。筋肉痛は筋肉の損傷によって起こるものですが、痛みを感じるのは修復作業を始めてから。つまり、下山時から筋肉痛が出てくるまでのあいだは、修復作業の待機中ということになります。

大切なのは、この待期期間に少しでも多くのタンパク質を摂取すること。いってみれば、いつでも修復作業に取りかかれるよう、筋肉のそばに資材を積み上げておくのです。すると、翌日あたりにようやくロートルの職人がやってきて、コツコツと作業を始めるわけですが、若い職人と違って作業がなかなか捗りません。とはいえ、それをただ呆然と眺めている（筋肉痛に耐えている）のではなく、資材（タンパク質やビタミン）が尽きて作業が中断してしまわないために、修復が完了するまで資材をせっせと供給（摂取）しつづける必要があります。

筋肉痛を回避したいのであれば、筋肉そのものの損傷度合を軽減させるほうが話が早いかもしれません。とはいえ、筋肉を傷めないために運動を控えてしまうのは本末転倒です。運動によって傷んだ筋肉を修復させると傷む前よりも太くなり、これを繰り返すことによって筋肉は厚みを増して強靭になっていきます。これは、いわゆる筋力強化のプロセス。足しげく山へ登り、下山後にタンパク質を積極的に食べるようにしていれば、筋肉は確実に傷みにくくなっていって、筋肉痛から解放されるはずです。

このように、本書で推奨した食事術と日ごろのトレーニングを併用しながら、いつまでも山に登りつづけられる体をつくっていただけたら、なによりも嬉しく思います。

■コラム④

## 長期縦走と高所登山の栄養管理

1か月を超えるような長期にわたる縦走や、気圧が低くなる高所での登山の際は、栄養管理にも特別な配慮が必要になります。

本文で少し触れたように、山中に長期間滞在するときはサプリメントに頼らざるを得ないこともあるのですが、過剰に摂取すると害になる虞もあるので、一日あたりの必要量に滞在日数を掛け合わせた分だけ、不足しがちなビタミンとミネラル——ビタミンB群、ビタミンC、ビタミンD、カルシウム、マグネシウム、鉄、銅、亜鉛などを準備します。

冬季の場合は、これに加えて脂質が必要になります。運動量が多く、体温維持にも多くのカロリーを要する冬山で糖質のみをカロリー源にするとなると、膨大な量を担ぎ上げなくてはならなくなります。それゆえ、重量あたりのカロリーが他の栄養素よりも圧倒的に多い脂質を利用するのが最も効率的というわけです。

高所登山では、酸素分子が多く含まれる栄養素を多めに摂って、消化の過程で消費する酸素量を抑えなくてはなりません。エネルギーに変換される際の酸素消費量と二酸化炭素の発生量の比率（呼吸商）を栄養素ごとに計算すると、糖質のみをエネルギーとした場合は1・0、脂質ばかりと仮定すると0・7（一般的な日本人の混合食は0・82〜0・84程度）になることから、糖質よりも脂質のほうが酸素の消費が多くなることがわかります。つまり、酸素の少ない環境では糖質を中心とした食事のほうが低酸素状態になりづらくなるため有利といえるでしょう。

ただし、こうした低酸素と栄養の関係を検討する必要があるのは、気圧が平地の3分の2以下になる標高4000メートル以上の場合で、日本の山なら考慮不要です。

# 第4章

# 院長がおすすめする健康増進料理

# 野菜のおかず

## 日々の食卓をバリエーション豊かに

栄養素を重視した食事というと、皆さん「自分に不足しているものはなにか」とまず初めに考えがちのようです。もちろん、足りない栄養素を補充するのは悪いことではありませんが、それより前に、日々の食事にバリエーションをつけることが肝心。多種多様なものを取り混ぜて食べれば、体のほうが勝手に判断して、必要な栄養素をピックアップしてくれます。

これから紹介する料理も、お気に召したものだけを作るのではなく、今日はこれ、明日はあれといった具合に、いろいろと試していただければ幸いです。なお、いずれの料理も栄養素の質と量を重視しているため、スタミナ系でないことはご承知おきください。

## たとえときどきでも多種類の野菜を

日本人の食事は、おおむね肉や魚料理と白いご飯が基本になりますが、栄養素のバランスを考えれば、ここに野菜を加えるのが絶対不可欠といえるでしょう。ビタミンやミネラルをはじめとするさまざまな栄養素が摂れるのはもちろん、ボリューム（体積）が増すため必然的に摂取カロリーを抑えられ、肥満防止にも効果的です。

野菜といっても、葉野菜ばかりでなく、食物繊維が豊富な根菜や、アミノ酸スコアが満点の大豆などもぜひ取り入れるようにしてください。食事のたびに多種類の野菜を用意するのは、とくに一人暮らしの人は大変だと思いますが、これらを毎日食べなくてはいけないわけではないのでご安心を。ときどきちょっとずつ食べるだけでも、充分に体の養分になってくれます。週替わりでいろいろな常備菜を作り分けるのもおすすめです。

栄養成分は、「食品表示法」で表示が義務化されている熱量（総カロリー）、タンパク質、脂質、炭水化物、食塩相当量（ナトリウム）に加え、日本人が不足しやすいカルシウムとビタミンDを記載しました。

野菜のおかず①

# 菜の花の辛子和え

肥満防止　筋骨強化　機能調整

ほろ苦い特有の味わいが春の到来を強く感じさせてくれる菜の花は、成長の根源となるさまざまな栄養成分が含まれているので、健康増進には打ってつけ。カリウムやカルシウム、鉄などのミネラル成分はもとより、ビタミンC、ビタミンK、葉酸、β《ベータ》カロテンが豊富で、さらに食物繊維もたっぷり含まれています。野菜にしてはタンパク質が多めなのも特徴です。

菜の花の辛子《からし》和《あ》えは定番ですが、ここに胡麻を加えると、栄養素のラインナップが一段とアップ。胡麻には五大栄養素のすべてが含まれているうえ、抗酸化（細胞の酸化を抑制してその機能低下を防ぐ）作用やコレステロールを下げる効果のあるセサミン、セサミノール、セサオリン、セサモールといったエストロゲン様物質（胡麻に含まれるものはとくにゴマリグナンと呼ばれる）も豊富といいことづくめです。

なお、すり潰さないと栄養素の多くが吸収されることなく排出されてしまうので、この点だけはご注意を。

**[栄養成分]**
（2〜3人分）
総カロリー 190kcal

タンパク質＝7.8g
脂質＝10.3g
炭水化物＝15.8g
カルシウム＝420mg
ビタミンD＝0μg
食塩相当量＝3.0g

**材料**（2〜3人分）
菜の花＝⅔束（150g）、みりん＝大さじ1、醤油＝大さじ1、すり胡麻＝大さじ1、練り辛子＝小さじ½、顆粒だし＝小さじ½、煎《い》り胡麻＝少量

**作り方**

① 菜の花を軽く茹《ゆ》で、水気をよく絞ってから食べやすい大きさに切り分けます。

② みりん、醤油、すり胡麻、練り辛子、顆粒だし、煎り胡麻を混ぜ合わせ、これで菜の花を和えます。

野菜のおかず②

# 春キャベツの浅漬け

肥満防止　筋骨強化　機能調整

寒い環境に耐えながら栄養成分をギュッと濃縮した春野菜は、どれをとっても甘みがあっておいしいものです。

その代表格である春キャベツは、ビタミンCやキャベジンといった成分を多く含み、健康増進に効果的。キャベジンには胃の粘膜を保護する働きがあるうえ、一緒に食べるものの消化を助ける作用も期待できるでしょう。そのほか、食物繊維、カリウム、カルシウムなどの栄養素もたくさん含まれています。

ただし、ビタミンCもキャベジンも加熱すると壊れてしまい、またどちらも水溶性のため茹でると溶け出してしまうので要注意。効率よく摂るためには、ここに紹介する浅漬けにしたり、汁ごと味わうスープにするなど、成分を逃さないようにすることが大切です。

ビタミンCは激しい運動をしたあとの疲労回復にも効果を発揮するので、この浅漬けを下山後の食事の付け合わせにしても有効ではないでしょうか。

**[栄養成分]**
(2〜3人分)
総カロリー 200kcal

タンパク質＝5.0g
脂質＝15.3g
炭水化物＝14.9g
カルシウム＝189mg
ビタミンD＝0μg
食塩相当量＝5.9g

**材料**（2～3人分）
キャベツ＝1/4個（300g）、塩＝少量、酢＝小さじ1、細切りの塩昆布＝大さじ1（5g）、胡麻油＝大さじ1

**作り方**
①キャベツをざく切りにしてポリ袋に入れ、塩、酢、塩昆布、胡麻油を加えてポリ袋を揉み込みます。
②冷蔵庫に入れて1～3時間ぐらい寝かせ、キャベツに味が染みれば食べごろです。

野菜のおかず③

# 豆モヤシのナムル

満腹防止　筋骨強化　機能調整

植物の若芽は栄養素の宝庫。なかでも豆モヤシは、大豆の主成分であるタンパク質がそのまま含まれ、大豆イソフラボンやGABA（γ《ガンマ》アミノ酪酸）といった体調を整える栄養成分も豊富。入手しやすいのも利点で、ご家庭での健康増進にはお誂《あつら》え向きといえるでしょう。

この一品は、同じくビタミンたっぷりのニンジンと水溶性ビタミンが豊富なネギを生のまま合わせたナムル。調味に塩は控えて、代わりにミネラル豊富な胡麻と酢を使い、醤油と砂糖、唐辛子を少量ずつ加えて味を引き締めます。胡麻には炭水化物（糖質）と脂質も含まれているため、砂糖と相まってエネルギー源としてもわずかながら機能します。

豆モヤシとニンジンの食物繊維には腸内細菌の環境を整える作用があるので、便秘の予防にも貢献してくれるでしょう。また、胡麻油を合わせることによって、ニンジンに含まれる脂溶性ビタミン（ビタミンAなど）の吸収を促すことができます。

**[栄養成分]**
（2〜3人分）
総カロリー 564kcal

| | |
|---|---|
| タンパク質 | 10.5g |
| 脂質 | 41.4g |
| 炭水化物 | 41.6g |
| カルシウム | 250mg |
| ビタミンD | 0μg |
| 食塩相当量 | 2.2g |

**材料**（2〜3人分）

豆モヤシ＝200g、ニンジン＝約2cm分（20g）、ネギ＝1/5本（20g）、胡麻＝大さじ1、胡麻油＝大さじ2、醬油＝大さじ1、砂糖＝大さじ2、酢＝大さじ2、一味唐辛子＝少量

**作り方**

①豆モヤシを軽く茹でてから水洗いし、水気をよく切ります。

②ニンジンの皮をむいて繊切りにします。

③ネギをみじん切りにし、胡麻、胡麻油、醬油、砂糖、酢を合わせてしっかりと混ぜます。

④豆モヤシとニンジンを混ぜ合わせて③を回しかけ、さらによく混ぜます。

⑤好みの量の一味唐辛子を振りかけます。

野菜のおかず④

# シュンギクのサラダと茎のキンピラ

肥満防止　筋骨強化　**機能調整**

独特の香りのあるシュンギクは、葉も茎も食べられる優良な緑黄色野菜です。ビタミンAの原料であるβカロテンやビタミンKなどの油に溶けやすい（油と一緒に摂ると吸収のよい）ビタミンをはじめ、葉酸、カルシウム、カリウム、マグネシウムなどの栄養素も多く含むのが、優良という所以《ゆえん》。貧血予防効果が期待できるのも嬉しいところです。

このレシピでは葉と茎を別々に調理。葉は水溶性のビタミンを余すことなく摂れるサラダに、茎は歯ごたえを活かすようにさっと炒めてキンピラにしました。

なお、シュンギクの香りは、安眠効果や抗菌効果が期待されているアルファピネン、ペリルアルデヒドなどの成分に由来します。

**シュンギクのサラダ**

[栄養成分]
（2～3人分）
総カロリー 441kcal

タンパク質＝18.9g
脂質＝34.8g
炭水化物＝17.5g
カルシウム＝435mg
ビタミンD＝0μg
食塩相当量＝2.6g

**茎のキンピラ**

[栄養成分]
（2～3人分）
総カロリー 250kcal

タンパク質＝7.2g
脂質＝17.6g
炭水化物＝50.5g
カルシウム＝280mg
ビタミンD＝0μg
食塩相当量＝2.4g

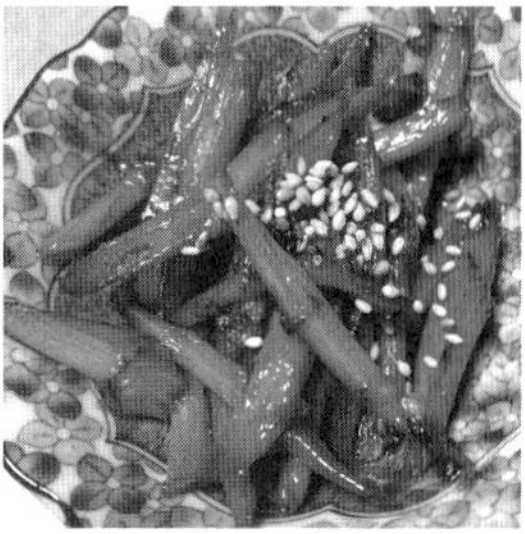

## 〈シュンギクのサラダ〉

**材料**（2～3人分）

シュンギク＝1束（200g）の葉の部分、油揚げ＝50g

〈ドレッシング〉塩＝少量、酢＝小さじ1、みりん＝大さじ1、醤油＝大さじ1、胡麻油＝大さじ1、胡麻＝少量

**作り方**

①シュンギクは葉の部分だけむしり取ります。

②油揚げをフライパンで焼いて焦げ目をつけ、短冊に切ります。

③シュンギクと油揚げを合わせ、食べる直前にドレッシングで和えます。

## 〈茎のキンピラ〉

**材料**（2～3人分）

シュンギク＝1束（200g）の茎の部分、みりん＝大さじ1、醤油＝大さじ1、胡麻油＝大さじ1、胡麻＝少量

**作り方**

①シュンギクの茎を食べやすい大きさに切ります。

②胡麻油を敷いたフライパンで①を炒め、みりんと醤油で調味して、仕上げに胡麻を振りかけます。

野菜のおかず⑤

# アスパラガスと菜の花のビスマルク風

肥満防止　筋骨強化　機能調整

葉酸、βカロテン、アスパラギン酸、ルチン、カリウムなどを豊富に含むアスパラガスと、ビタミンC、カルシウム、鉄、葉酸などが豊富な菜の花を取り合わせ、さらに完全食の卵も載せた栄養満点の一品。疲労回復、貧血予防、筋肉強化などの効果が期待できます。

健康増進効果をよりいっそう高めるには、調理の際にオリーブオイルを使うのがポイント。オリーブオイルはオレイン酸が主成分のため酸化しにくく、悪玉コレステロールを減らし、善玉コレステロールは減らしません。抗酸化作用のあるポリフェノール類（オレウロペインやオレオカンタール）やフェノール類が含まれているのも特長で、強い抗酸化力と動脈硬化予防効果が報告されています。そのほか、抗菌・抗ウイルス作用や、免疫力強化作用も抜群です。

いささか値段は高くなりますが、不純物の少ないエキストラバージンオイルを選ぶようにしてください。

**[栄養成分]**
(2〜3人分)
総カロリー 307kcal

タンパク質＝21.6g
脂質＝22.1g
炭水化物＝9.3g
カルシウム＝251mg
ビタミンD＝3.8μg
食塩相当量＝1.0g

**材料**（2〜3人分）

アスパラガス＝4本（70g）、菜の花＝½束（100g）、卵＝2個、オリーブオイル＝小さじ1と½、粉チーズ＝適量、塩＝少量、胡椒＝少量

**作り方**

①アスパラガスと菜の花を固めに茹で、食べやすい長さに切ります。
②フライパンにオリーブオイルを敷き、①のアスパラガスと菜の花を炒めます。
③アスパラガスと菜の花をフライパンの中央に集めて卵を割り落とし、白身が固まったら火を止めます。
④粉チーズをふりかけ、塩と胡椒で味を整えます。

野菜のおかず⑥

# フキの炒め煮

肥満防止
筋骨強化
機能調整

野菜を使った常備菜を作っておき、毎日ひと箸ずつ食べるだけでも、健康増進には効果的。たとえばこんな一品はいかがでしょう。

食物繊維はもとよりカリウムなどの電解質を多く含み、貧血防止に必須のビタミンである葉酸も豊富なフキを、食欲増進作用がある唐辛子とともに炒め煮に——。フキにはクロロゲン酸やフキノール酸といった抗酸化作用のあるポリフェノールが含まれていて、これらが苦みやえぐみの元となっているのですが、逆に老化防止や美肌効果なども期待されています。

唐辛子は、主要有効成分であるカプサイシンが辛さのもとで、交感神経刺激ホルモンであるアドレナリンの分泌を増加させ、発汗や強心作用を促します。また、抗酸化作用のあるビタミンC、ビタミンEも豊富。抗ガン作用や免疫賦活作用を持つβカロテンも多く、ビタミンAに変換されたあと、粘膜・皮膚・毛髪の維持、視力低下予防、呼吸器系臓器の強化などにも効果を発揮します。

**[栄養成分]**
(2～3人分)
総カロリー 524kcal

タンパク質＝3.3g
脂質＝30.0g
炭水化物＝50.2g
カルシウム＝107mg
ビタミンD＝0μg
食塩相当量＝4.6g

**材料**（2〜3人分）

フキ＝2〜3本（200g）、塩＝少量、醤油＝大さじ1と½、砂糖＝大さじ2、みりん＝大さじ1と½、酒＝大さじ2、だし汁＝150㎖、唐辛子（種を取り除いたもの）＝1本、胡麻油＝大さじ1、油＝大さじ1

**作り方**

①フキに少量の塩を振って板ずりし、5分間ほど茹でてから水にさらします。

②フキの筋を取り、食べやすい長さに切り分けます。

③鍋に胡麻油と油を敷き、フキと唐辛子を入れて炒めます。

④醤油、砂糖、みりん、酒、だし汁を加え、煮汁がなくなるまで煮詰めます。

野菜のおかず⑦

# カボチャの薬膳煮

肥満防止　筋骨強化　機能調整

豊富な繊維成分が腸の動きを促して便秘予防効果を発揮してくれるカボチャ。これを薬膳の素材として古くから使われているショウガとともにふっくらと煮込みます。

カボチャには、βカロテンがビタミンAに変化して皮膚や粘膜を強化したり、皮膚の状態をよくして細菌やウイルスの侵入を防ぐという効果も。歯や骨、爪の健康を保ち、体の機能を維持する効果も期待できるでしょう。

ショウガはビタミンB群、ビタミンC、ビタミンE、葉酸などのビタミンを多量に含む優良な健康食品ですが、加熱すると成分のジンゲロールからショウガオールが生成され、代謝を高める効果も加わります。

また、体を温める作用があることはよくご存知でしょう。ショウガを食べると3～4時間ほど保温効果が持続し、これによって関節の痛みを和らげることができます。さらに免疫力が30パーセント上昇するといわれ、風邪の予防にも効果的です。

**[栄養成分]**
(2～3人分)
総カロリー 292kcal

タンパク質＝5.5g
脂質＝0.9g
炭水化物＝72.8g
カルシウム＝46mg
ビタミンD＝0μg
食塩相当量＝1.1g

## 材料（2～3人分）

ショウガ（スライスして1週間ほど天日干ししたもの）＝35g、カボチャ＝¼個（300g）、酒＝大さじ1、砂糖＝大さじ½、めんつゆ＝大さじ½

## 作り方

①カボチャを食べやすい大きさにカットし、煮崩れを防ぐために面取りをします。

②無水鍋にショウガとカボチャを入れ、蓋をして15分間ほど煮ます。（無水鍋でない場合は、水を適量加えて焦げつきを防止してください）

野菜のおかず⑧

# ヤマイモの納豆包み焼き

肥満防止
筋骨強化
機能調整

ジャガイモなどのイモ類は生のままでは消化がむずかしいため、通常は火を通しますが、ヤマイモだけは生のまま食べられます。

ヤマイモをすりおろすと滑りのよい粘液状になることは、皆さんよくご存知のとおり。腹持ちのよい糖質カロリー源となり、血糖維持に効果を発揮するため、昔から峠道の麓ではとろろ飯などが提供されてきました。

そんなヤマイモですが、ときにはタンパク質とビタミンが豊富な納豆を取り合わせて、稲荷寿司風にしてはいかがでしょうか。納豆には腸内細菌を活性化する作用があるので、ヤマイモに含まれる食物繊維と相まって、便秘対策に貢献してくれます。これなら持ち運びできますので、登山の際のお弁当にしてもいいのでは。

さらに、カルシウム、βカロテン、ビタミンC、水溶性食物繊維などが豊富なオクラを加えれば、健康増進効果がよりいっそう高まるでしょう。

[栄養成分]
(1人分)
総カロリー 185kcal

タンパク質＝12.9g
脂質＝11.0g
炭水化物＝11.9g
カルシウム＝120mg
ビタミンD＝0μg
食塩相当量＝0.7g

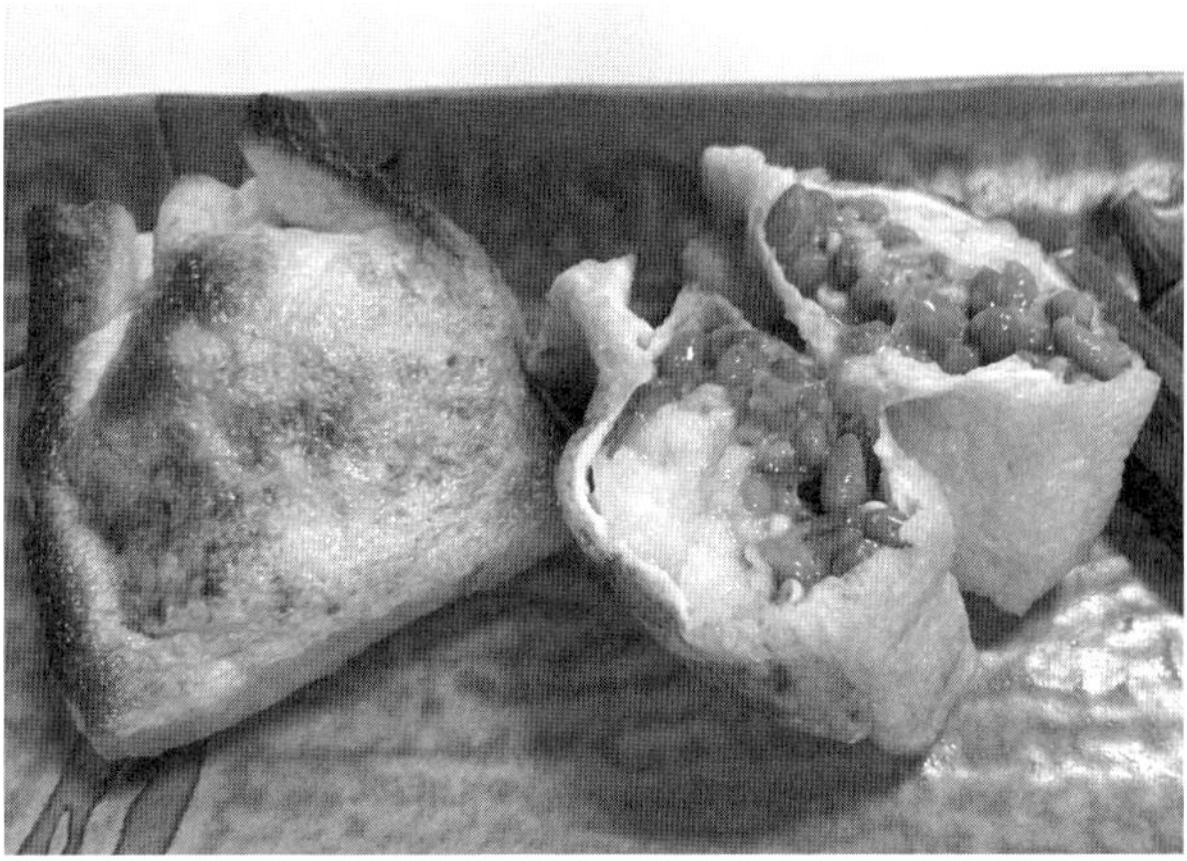

**材料**（1人分）
ヤマイモ＝40g、納豆＝1パック（40g）、油揚げ＝1枚、オクラ＝1本（15g）

**作り方**
①ヤマイモを適当なサイズに切り分けて皮をむき、すり鉢で滑らかにすりおろします。
②納豆は充分に糸を引くまでかき混ぜ、付属のタレを混ぜ合わせます。
③オクラは薄めの輪切りにします。
④油揚げを半分に切って袋状に開き、ヤマイモと納豆、オクラを詰めて、巾着《きんちゃく》形になるように爪楊枝《つまようじ》で止めます。
⑤オーブントースターやフライパン、焼き網などで、表面に焦げ目がつく程度までゆっくり加熱します。
⑥ワサビ醤油などを添えて供します。

野菜のおかず⑨

# ヘルシー春巻き

肥満防止
筋骨強化
機能調整

春巻きといえば、タケノコを餡のメインにするのが一般的ですが、とりどりの野菜を取り合わせても、またおいしいものです。

ここで使った野菜は、ビタミンAが豊富なニンジン、葉酸が豊富なホウレンソウ、それにタマネギとシイタケの計4種。タマネギは、野菜としては珍しくミネラルやビタミンなどの栄養素がほとんど含まれていませんが、食物繊維やカリウムなどは豊富です。タマネギの黄色い成分であるケルセチンはフィトケミカルのひとつで、抗酸化作用、血行改善作用などが知られています。シイタケは、ビタミンB群、プロビタミン$D_2$（エルゴステロール）、ミネラル、食物繊維がたっぷり。プロビタミン$D_2$は日光に当たるとビタミン$D_2$になるので、この春巻きを登山時のお弁当のおかずにするのもおすすめです。

タンパク源として豚肉、炭水化物源として春雨を合わせ、チーズも加えてカルシウムの含有量を補強すれば、栄養バランスはさらに向上します。

**［栄養成分］**
（10本分）
総カロリー 1789kcal

タンパク質＝68.6g
脂質＝125.2g
炭水化物＝105.6g
カルシウム＝122mg
ビタミンD＝0.5μg
食塩相当量＝6.5g

**材料**（10本分）

ニンジン＝⅓本（60g）、ホウレンソウ＝⅓束（60g）、タマネギ＝⅓個（60g）、シイタケ＝3枚（45g）、豚バラ肉＝100g、春雨＝20g、とろけるチーズ＝10枚、春巻きの皮＝10枚、片栗粉＝少量、醤油＝小さじ1、塩＝少量、胡椒＝少量、油＝適量

**作り方**

① ニンジン、タマネギ、シイタケ、豚肉を細切りにします。

② 春雨は2〜3分間ほど茹でてから長さ5cmくらいに切り、同様に切ったホウレンソウとともに油で炒めて、塩と胡椒、醤油で調味します。

③ 上記の具材を合わせ、水とき片栗粉で少しとろみをつけてから、とろけるチーズと一緒に春巻きの皮で包みます。

⑤ 表面がほどよくキツネ色になるまで油で揚げます。

野菜のおかず⑩

# 大豆ミネストローネ

肥満防止　筋骨強化　機能調整

豆類には、脂質の多いものと糖質の多いものがありますが、前者の代表が大豆。必須アミノ酸がバランスよく含まれ、ビタミン類やミネラルなども豊富です。さらに、イソフラボン、サポニン、レシチンといった老化防止効果が期待できる成分も含まれています。

寒い季節なら、大豆とビタミン豊富な野菜を取り合わせたミネストローネ（具だくさんのスープ）がなにより。ここで使ったタマネギ、キャベツ、ニンジン、セロリ、シイタケ、トマトはそれぞれ色が異なりますが、カラフルな野菜を同時に食べることで、体に必要な栄養成分を漏れなく摂取することができます。ジャガイモを多めにすると、デンプンがゆっくりと消化吸収されるため、エネルギー源となる糖質を長時間にわたって筋肉へ供給できるでしょう。

味を濃くしすぎると、ミネラル成分の摂りすぎになり、体がむくむことになりかねないので、少しあっさりした味に仕上げることをおすすめします。

**［栄養成分］**
（2〜3人分）
総カロリー 308kcal

タンパク質＝10.3g
脂質＝13.0g
炭水化物＝44.1g
カルシウム＝97mg
ビタミンD＝0.6μg
食塩相当量＝5.0g

**材料**（2～3人分）

ジャガイモ＝1個（100g）、タマネギ＝1個（120g）、キャベツ＝1～2枚（50g）、ニンジン＝⅓本（50g）、セロリ＝½本（40g）、シイタケ＝1個（20g）、ベーコン＝30g、トマト缶＝100g、サラダ豆（大豆・青大豆・インゲン豆の水煮）＝50g、水＝500㎖、コンソメキューブ＝1.5個（7g）、塩＝少量、胡椒＝少量

**作り方**

① ジャガイモ、タマネギ、キャベツ、ニンジン、セロリ、シイタケ、ベーコンは、いずれもサイコロサイズに切ります。

② 缶詰のトマトとサラダ豆を鍋に入れ、水とコンソメを加えて加熱し、よく混ぜてから①を入れて煮込みます。

③ 野菜に火が通ったら塩と胡椒で味を調えます。

野菜のおかず⑪

# 豆乳芋煮すいとん

肥満防止　筋骨強化　機能調整

サトイモが主役の鍋料理を河原で囲む芋煮会は、山形県や宮城県をはじめとする東北地方の秋の風物詩。これをアレンジして豆乳を使ったすいとんを取り合わせてみたら、なかなかの一品に仕上がりました。

サトイモやネギ、牛肉といった芋煮会ではおなじみの材料に加え、シイタケやマイタケなどキノコをたっぷりと入れるのがポイント。キノコのうま味成分による食欲増進効果が得られるだけでなく、豊富に含まれるアミノ酸類で疲労回復にも役立ちます。

炭水化物の割合がちょっと多めですが、すいとんを豆乳で作ることでタンパク質やカルシウムをプラス。筋肉痛の解消にも効果があるので、下山後の夕食にも好適でしょう。

サトイモとネギの食物繊維には整腸作用があるため、便秘予防効果が期待できるのも嬉しいところです。さらに、ネギに含まれる硫黄成分が、不足しがちなビタミンDの吸収を促進してくれます。

**［栄養成分］**
（2人分）
総カロリー 1080kcal

タンパク質＝32.8g
脂質＝40.9g
炭水化物＝130.8g
カルシウム＝159mg
ビタミンD＝2.8μg
食塩相当量＝3.4g

**材料**（2人分）
サトイモ＝3個（150g）、シイタケ＝3～4個（50g）、マイタケ＝½パック（50g）、ネギ＝1本（100g）、牛肉＝100g、だし汁＝400㎖、日本酒＝100㎖、醤油＝大さじ1、砂糖＝大さじ1、みりん＝適量
〈すいとん〉小麦粉＝100g、豆乳＝50㎖、塩＝少量

**作り方**
① 小麦粉に塩と温めた豆乳を加え、耳たぶくらいの固さになるまでしっかりと練り、しばらく冷蔵庫で寝かせます。
② だし汁と日本酒を鍋に合わせ、食べやすい大きさに切ったサトイモ、シイタケ、マイタケを入れて火にかけます。
③ サトイモに火が通ったら醤油、砂糖、みりんで味をつけます。
④ 牛肉を加え、つづいて寝かせておいたすいとんのタネをちぎりながら投入します。
⑤ すいとんに味が染みたら、最後にネギを加えます。

野菜のおかず⑫

# ネギダレ湯豆腐

肥満防止　筋骨強化　機能調整

寒い日は温かい鍋料理がなによりおいしく感じられますが、なかでも最もシンプルながら味わい深いのが湯豆腐です。皆さんお好みの食べ方があると思いますが、ぜひともお試しいただきたいのは、胡麻の風味を利かせたネギダレ。

風邪をひいて喉が痛いとき、焼いたネギを首に巻く風習がありましたが、これは香気成分のアリシンによる殺菌効果を期待してのこと。アリシンは、食欲を増進させたり、ビタミン$B_1$の吸収を高めるなど、ほかにも優れた働きをしてくれます。また、ネギにはビタミンCも豊富に含まれているので、疲労回復や免疫機能強化にも貢献するでしょう。

豆腐は、舌触りがなめらかな絹漉し豆腐を選びたくなるかもしれませんが、大豆の栄養成分をしっかり摂るためには、目の粗い木綿豆腐のほうがおすすめです。また、豆腐を煮るだしには昆布の栄養素が滲み出ているので、これでお茶をいれるなどして無駄なく味わうようにしてください。

**[栄養成分]**
(2〜3人分)
総カロリー 334kcal

タンパク質＝16.7g
脂質＝27.6g
炭水化物＝8.8g
カルシウム＝301mg
ビタミンD＝0μg
食塩相当量＝2.5g

**材料**（2〜3人分）

木綿豆腐＝⅔丁（200g）、昆布＝10〜15cm（5g）、ネギ（みじん切り）＝⅛本分（12g）、胡麻＝小さじ1、胡麻油＝大さじ1、醤油＝大さじ1

**作り方**

①鍋に水を張って昆布を敷き、だしを取りながら加熱します。

②湯気が立ち始めたら、食べやすい大きさに切った豆腐を浮かべます。

③みじん切りにしたネギと胡麻、胡麻油、醤油を合わせ、よく混ぜます。

④豆腐が温まったところで火を弱め、③のタレをつけながら食べます。

# 肉・魚料理

## 肉料理は鶏肉と豚肉で

夕食の主役となることの多い肉料理。日常的に食べるのは牛肉、豚肉、鶏肉のいずれかだと思いますが、肥満防止の観点でいえば、鶏肉（とくに脂肪分の少ないささみ）と豚肉が好適です。

鶏肉はビタミンAの一種であるレチノールや、酸化防止効果のあるセレンが豊富なのが特長。

豚肉はビタミン$B_1$が牛肉や鶏肉の10倍も含まれています。

ビタミン$B_1$は、ニンニクやネギなどのイオウ化合物と一緒に摂取すると効率よく吸収されるのがポイント。また、糖質とともに食べると、糖質からエネルギーを引き出すための代謝が高まるため、疲労回復にも貢献してくれます。ただ、ビタミン$B_1$は水溶性ビタミンで熱にも弱いので、茹でる料理はロスが大きいのが難点。オーブンで蒸し焼きにした場合は、加熱によって筋肉繊維から絞り出された水分が繊維側に戻るよう、15分間ほど休ませてから食べるといいでしょう。

牛肉は、脂肪分の少ないヒレ肉やモモ肉を選び、湯引きするなどしてさらに脂肪を落とせば、貧血予防に適した健康食品になります。

## 魚料理は青魚とサケがおすすめ

イワシ、サバ、サンマなどの青魚は、ＤＨＡ、ＥＰＡなどの不飽和脂肪酸が豊富で、動脈硬化や認知症の予防効果があると広く認められています。鉄やタウリン（アミノ酸の一種）も多く含まれているので、貧血予防にも効果的。ビタミンＤ、カルシウムも比較的多く、骨粗鬆症《こつそしょう》の予防効果も期待できます。酸化に弱いＤＨＡやＥＰＡを効率よく吸収するには、リコピンやビタミンＣなど酸化防止作用のある成分を含んだトマトを取り合わせるのがおすすめです。

また、サケにもＤＨＡとＥＰＡが多く含まれ、とくに餌に工夫を加えて育てられた養殖のサケは、天然物よりもこれらの成分を多く含むといわれています。

肉・魚料理①

# インディアンサラダ

肥満防止　筋骨強化　機能調整

鶏のささみは、肉類のなかでも動脈硬化促進的な動物性脂肪がとくに少なく、ほとんどがタンパク質からなる優良な部位。ビタミンAの一種であるレチノールや酸化防止効果のあるセレンも豊富に含まれています。カロリー総量を抑えてタンパク質をしっかり摂りたいときには打ってつけといえるでしょう。

このサラダは、タンパク源としてさらに卵と豆を加え、パプリカやレタス、紫キャベツなどカラフルな野菜を合わせることで「フィトケミカル」の摂取も意識しました。

フィトケミカルはポリフェノールやカロテノイド、イオウ化合物など、健康増進効果の期待できる天然化学成分の総称で、強い抗酸化作用を持ち、老化防止や美容、健康維持などの効果が期待できます。

また、腹持ちのよい炭水化物源となるジャガイモを加えるのもポイント。インスリンの分泌を抑えながら長時間エネルギーを供給してくれます。

**[栄養成分]**
(2人分)
総カロリー 482kcal

タンパク質＝42.2g
脂質＝20.0g
炭水化物＝42.1g
カルシウム＝144mg
ビタミンD＝1.9μg
食塩相当量＝0.7g

**材料**（2人分）

鶏のささみ＝100g、レタス＝¼個、パプリカ（赤と黄）＝各¼個、紫キャベツ＝10g、ミックス豆缶詰（ひよこ豆・大豆・インゲンなど）＝50g、ジャガイモ＝½個（80g）、卵＝1個、カレー粉＝小さじ1と½、油＝小さじ2、塩＝少量、胡椒＝少量、岩塩＝少量

**作り方**

①鶏のささみをさっと茹で、食べやすいサイズに割きます。

②ささみを油で軽く炒め、カレー粉、塩と胡椒で調味します。

③ジャガイモを豆と同じサイズに切り、ほどよく柔らかくなるまで茹でます。

④ジャガイモとミックス豆、ささみを混ぜ合わせます。

⑤皿にちぎったレタス、繊切りのパプリカ、紫キャベツを彩りよく敷き、④を載せて半熟の茹で玉子を添え、仕上げに岩塩を振りかけます。

肉・魚料理②

# 鶏肉とセロリの中華炒め

肥満防止　骨筋強化　機能調整

皮を剝《は》がした鶏のむね肉も、脂肪分の少ない優良なタンパク源です。むね肉のなかでもささみはとくに脂肪分の少ない部位で、取れる量が少ないため価格がちょっと高くなってしまいますが、むね肉は安価なので財布を気にすることなく使うことができるでしょう。

この低脂肪で高タンパクの鶏むね肉にセロリとショウガを取り合わせ、ビタミン類と食物繊維を加えたのがこの中華風の炒め物。セロリにはビタミンB群、ビタミンC、ビタミンE、βカロテン、アピイン、セネリンなどが多く含まれ、ショウガもビタミンB群、ビタミンC、ビタミンE、葉酸、ジンゲロールなどが豊富なので、どちらも薬膳的な料理によく登場します。

胡麻や胡椒など抗酸化作用のある成分を多く含む調味料で味にアクセントをつけるので、塩はごく少量で充分です。高血圧や動脈硬化予防を意識した筋力強化メニューとして、ぜひお試しください。

**[栄養成分]**
(2〜3人分)
総カロリー 300kcal

タンパク質=44.8g
脂質=9.7g
炭水化物=10.0g
カルシウム=67mg
ビタミンD=0μg
食塩相当量=0.7g

**材料**（2～3人分）

鶏むね肉（皮なし）＝180g、セロリ＝1.5本（140g）、ショウガ＝1かけ（10g）、中華スープの素＝小さじ⅔（水100㎖でとく）、胡麻油＝少量、酒＝少量、塩＝少量、胡椒＝少量、片栗粉＝小さじ1（水小さじ1でとく）、油＝少量

**作り方**

①セロリは適当なサイズの斜め切りに、ショウガは繊切りにします。

②鶏肉を厚さ1cmくらいに切り、酒と塩をもみ込みます。

③フライパンに油を敷き、ショウガを香りが立つまで炒めます。

④鶏肉を加え、色が変わり始めたところでセロリを加えます。

⑤セロリが透き通ってきたら、酒と中華スープの素、塩、胡椒で味を調えます。

⑥水とき片栗粉を入れ、とろみがついたところで仕上げに胡麻油を回しかけます。

肉・魚料理③

# 目がよくなるチキン

肥満防止
骨筋強化
機能調整

ブルーベリーは、目の網膜で光を感じる細胞に必要なロドプシンの合成を助けるアントシアニン（ポリフェノールの一種）を多く含むため、「目によい」ことがよく知られています。もちろん一回食べたぐらいで物の見え具合がよくなるわけではありませんが、下山後、登った山の雄大な景色を思い出しながら目によいものを食べれば、気分的には視力がよくなったような気分になるかもしれません。そのほか、動脈硬化予防効果が期待されるビタミンEや、腸の運動を活発にする食物繊維も豊富です。

そんなブルーベリーのジャムを使って、鶏むね肉のソテーのソースにしてみました。

脂肪分の少ない鶏肉は、筋肉増強のタンパク質源として重用されますが、運動後に食べればより効果的。運動によって疲弊した筋肉の細胞が、傷んだところを修復して筋肉を太くしようと活動し始めるタイミングに摂ると、消化吸収されたタンパク質が優先的に筋肉細胞に移送されるからです。

**[栄養成分]**
（1人分）
総カロリー 649kcal

タンパク質＝68.0g
脂質＝28.2g
炭水化物＝35.0g
カルシウム＝28mg
ビタミンD＝0.3μg
食塩相当量＝4.9g

**材料**（1人分）

鶏むね肉＝300g、ニンニク＝1片（10g）、ブルーベリージャム＝50g、醤油＝大さじ2弱（30g）、酒＝大さじ2（30g）、小麦粉＝大さじ2強（10g）、塩＝少量、胡椒＝少量、油＝適量

**作り方**

①鶏のむね肉に軽く塩と胡椒を振り、全体に小麦粉をまぶします。

②ニンニクをみじん切りにします（薄くスライスしても）。

③適量の油を敷いたフライパンで、まずニンニクを炒め、香りが立ってきたら鶏むね肉を中火で焼きます。

④肉の中心まで火が通り、表面がキツネ色になったところで皿に移します。

⑤ブルーベリージャムに醤油と酒を合わせたソースを作り、鶏肉を覆うようにたっぷりとかけます。なお、ブルーベリージャムの味の濃さに応じて醤油の量を加減してください。

肉・魚料理④

# 簡単サムゲタン

肥満防止　筋骨強化　機能調整

お隣り韓国の薬膳料理としてお馴染みのサムゲタン。丸鶏のお腹のなかに朝鮮ニンジンやもち米、クリなどを詰めてじっくり煮込むのが本場流ですが、これを手羽肉を使ってごく簡単に作れるようにアレンジしました。

ビタミン$B_1$、ビタミン$B_2$、ビタミンC、アミノ酸、カロテノイド、ポリフェノールなどを豊富に含むクコの実、抗酸化作用を持つジンゲロールと、その変化体のショウガオール、ジンゲロンが含まれるショウガ、βカロテン、リン、葉酸、モリブデン、ビタミン$B_6$、ビタミンCと栄養分たっぷりのニンニクとともに煮込めば、まさに栄養満点。スープごと食べれば、滲み出した成分を余すことなく摂取できるでしょう。寒いシーズンには、体を温める効果（血管拡張効果）も期待できます。

すべての材料を一緒に煮込んでしまって構いませんが、加熱によるビタミンCのロスを少しでも抑えるなら、クコの実を最後に加えてもいいでしょう。

**[栄養成分]**
（1人分）
総カロリー 561kcal

タンパク質＝7.5g
脂質＝36.4g
炭水化物＝20.9g
カルシウム＝101mg
ビタミンD＝1.0μg
食塩相当量＝5.5g

**材料**（1人分）
鶏手羽肉＝250g、ネギ＝½本（50g）、むき栗＝1〜2個（40g）、ニンニク＝1片（10g）、ショウガ＝2〜3かけ（30g）、クコの実＝15粒（2g）、もち米＝大さじ1強（15g）、塩＝小さじ1（5g）、胡椒＝少量、鶏ガラスープの素（好みで）＝小さじ1、水＝500㎖

**作り方**
①鶏手羽肉は骨に沿って切り込みを入れ、ネギは食べやすい長さのブツ切りに、ショウガは皮つきのまま薄切りにし、ニンニクは包丁の腹で叩き潰します。
②鍋に水とすべての材料を入れて、強火で加熱します。
③沸騰し始めたら弱火にして1〜2時間煮込みます。

肉・魚料理⑤

# リンゴとブロッコリーの肉巻き

肥満防止
骨筋強化
機能調整

「一日1個で医者いらず」といわれるぐらい、昔から健康によい食品として認知されているリンゴ。ビタミン、ミネラル、ポリフェノールが豊富で、疲労回復、老化防止に貢献するのに加え、食物繊維の一種であるペクチンが皮の周囲に多く含まれるため、便秘予防、胃腸粘膜保護、コレステロール吸収抑制、動脈硬化予防、腸内善玉菌増殖などにも効果を発揮します。

このリンゴをそのまま食べてもいいのですが、料理にも活用可能です。ビタミンCや葉酸、ミネラルが豊富なブロッコリーとともに、タンパク質とビタミンB群がたっぷりの豚肉でくるりと巻いて香ばしく焼くと、健康増進には格好の一品になります。

運動時に補給したい栄養成分をふんだんに含んでいるので、登山のときのお弁当のおかずにも好適。冷めてもおいしいのですが、材料を小袋に入れて持参し、山頂で焼くのもまた一興でしょう。

**[栄養成分]**
(3個分)
総カロリー 102kcal

タンパク質＝6.0g
脂質＝5.9g
炭水化物＝8.2g
カルシウム＝15mg
ビタミンD＝0μg
食塩相当量＝0.4g

**材料**（3個分）

豚ロースの薄切り＝1枚（25g）、ブロッコリー＝3房（30g）、リンゴ＝1/8個（40g）、塩＝少量、胡椒＝少量、ポンス醤油＝少量

**作り方**

①ブロッコリーは小房に分け、火が通りやすい小さめのものを選びます。

②リンゴを皮つきのまま厚さ5mmほどの薄切りにし、これとブロッコリーを豚肉でくるくると巻いて、塩と胡椒を振ります。

③むらなく火が通るように回転させながら焼きます。

④ブロッコリーにほどよく火が通ったら、ポンス醤油を振りかけます。

肉・魚料理⑥

# 豚肉のさっぱり煮

肥満防止
筋骨強化
機能調整

ビタミンB群が豊富な豚肉は良質なタンパク源ですが、ただ煮たり焼いたりして食べるのではなく、食物繊維を多く含む野菜を取り合わせるとバランスのよい料理になります。

ここに紹介するさっぱり煮は、まさにその好例。豚肉の煮物というと、バラ肉の角煮やスペアリブの甘辛煮などこってりしたものを想像しがちですが、脂身の少なめな肩ロースを使って、文字どおりさっぱりと仕上げました。

豚肉と一緒に煮込むのは、抗酸化作用のあるフィトケミカルを多く含むネギ、体を温める効果が期待できるショウガ、βカロテン、リン、葉酸、モリブデン、ビタミン$B_6$、ビタミンCなどが豊富なニンニクの3種。豚肉のビタミン$B_1$は、ニンニクやネギなどのイオウ化合物と一緒に摂取すると効率よく吸収されるので、その点ももちろん考慮に入れています。

また、ハチミツで糖質を補強し、食後すぐにエネルギー源としての効果も発揮できるようにしています。

**[栄養成分]**
(2人分)
総カロリー 1204kcal

タンパク質＝73.9g
脂質＝77.2g
炭水化物＝35.1g
カルシウム＝134mg
ビタミンD＝1.2μg
食塩相当量＝4.8g

**材料**（2人分）

豚肉（肩ロース）＝400g、ネギ＝1本（100g）、ショウガ＝2かけ（20g）、ニンニク＝1片（10g）、ハチミツ＝大さじ1と½、黒酢＝小さじ2、酒＝100㎖、水＝100㎖、醬油＝大さじ2

**作り方**

①豚肉を5cm角に切り、熱湯でさっと湯通しします。

②長ネギを食べやすい長さに切り、ショウガとニンニクは厚めにスライスします。

③鍋に具材と醬油以外の調味料を入れ、蓋をして約1時間、弱火で煮込みます。

④蓋を開けて醬油を加え、再び蓋をかぶせてさらに30分間ほど煮込みます。

⑤最後に蓋を取って汁気を飛ばします。

肉・魚料理⑦

# 牛肉とウドのしぐれ煮

肥満防止　筋骨強化　機能調整

春の山菜は、寒い冬に栄養成分を溜め込んだ植物が土のなかから顔を出したもの。それゆえ、生物が生育するための栄養成分がギュッと濃縮されています。繊維質もまだ柔らかいため、胃腸の動きをほどよく促してくれることも期待できるでしょう。

登山中に天然物をタイミングよく見つけるのはなかなかむずかしいものですが、昨今は栽培技術が進歩したおかげで、登山口近くの即売所や道の駅などで新鮮なものを安価で入手できるようになっています。

ウドの成分は、水分とカリウムがほとんどを占めるため、山菜のなかでも低カロリーなのが特長。とはいえ、ビタミンB群やビタミンC、葉酸などがしっかりと含まれています。

天ぷらや酢味噌和えにして食べるのが定番ですが、このしぐれ煮のようにタンパク質を補強すると、来る夏に向けての体づくりに格好の一品に。牛肉は、脂身が少なめの肩肉などがおすすめです。

**[栄養成分]**
(2〜3人分)
総カロリー 854kcal

タンパク質＝25.5g
脂質＝59.3g
炭水化物＝50.5g
カルシウム＝35mg
ビタミンD＝0μg
食塩相当量＝5.5g

**材料**（2〜3人分）
ウド＝1〜2本（200g）、牛肉（薄切り）＝150g、ショウガ（繊切り）＝1かけ分（10g）、砂糖＝大さじ2、醤油＝大さじ2、酒＝大さじ2、みりん＝大さじ1、だし汁（水に顆粒だしを少量加えたもの）＝150㎖、油＝少量

**作り方**

①ウドは固い部分を切り落として皮をむき、適当な大きさに切り分けて水にさらします。

②鍋に油を敷いて牛肉を炒め、色が変わったらだし汁を注いで、浮いてくるアクを掬い取ります。

③ウドとショウガ、調味料を②に加え、蓋をして煮汁が少なくなるまで煮詰めます。

肉・魚料理⑧

# キノコたっぷりのちゃんちゃん焼き

肥満防止　筋骨強化　機能調整

ちゃんちゃん焼きは、サケと野菜を鉄板の上で蒸し焼きにして、味噌で味をつける北海道の郷土料理。野菜はキャベツやタマネギがメインですが、ここにキノコをたっぷりと加えれば、栄養素も季節感も一段と増します。

特筆すべきは、サケとキノコに含まれるビタミンD。小腸でのカルシウム吸収や骨の代謝促進といった骨の形成補助が主な役割と考えられてきましたが、近年は免疫機能強化や粘膜保護、がんの再発予防などにも効果があることが証明されています。

キノコ類はスーパーマーケットなどで入手しやすいものから選びましたが、そこはご自由に。山麓の直売所などで土地それぞれの名物キノコを調達しても楽しいでしょう。

適度な脂質をバターで加えることによって甘みやまろやかさが増しますが、飽和脂肪酸を抑えるためにはごく少量にとどめておくほうが健康的です。

**[栄養成分]**
（1人分）
総カロリー 475kcal

タンパク質＝31.7g
脂質＝15.2g
炭水化物＝52.2g
カルシウム＝175mg
ビタミンD＝27.6μg
食塩相当量＝7.2g

**材料**（1人分）

生サケ＝1切れ（70g）、キャベツ＝1/6個（150g）、タマネギ＝1/4個（50g）、ニンジン＝1/4本（40g）、エノキダケ＝2/3袋（60g）、シメジ＝2/3パック（60g）、マイタケ＝2/3パック（60g）、シイタケ＝4個（60g）、味噌＝50g、醤油＝小さじ1、酒＝大さじ2、みりん＝大さじ2、バター＝10g

**作り方**

① キャベツとタマネギ、ニンジン、キノコを食べやすい大きさに切ります。

② フライパンにアルミホイルを敷き、サケと野菜を並べます。

③ 味噌、醤油、酒、みりんをよく混ぜ合わせ、②の上に回しかけます。

③ 蓋をして10〜15分間ほど火にかけます。

④ 野菜がほどよく柔らかくなったところでバターを載せます。

肉・魚料理⑨

# サケとブロッコリーのチーズ蒸し

肥満防止
筋骨強化
機能調整

こちらは、缶詰のサケを利用して手軽に作れる一品。サケは良好なタンパク源であるとともに、動脈硬化予防効果が期待できるDHAやEPAなどの脂質を多く含んでいるので、ぜひレパートリーに加えていただきたいものです。

サケに取り合わせるのはブロッコリー。栄養素が豊富な緑黄色野菜の代表格で、そのラインナップは食物繊維、ビタミンC、ビタミンE、ビタミンK、葉酸、βカロテン、カリウム、カルシウム、マグネシウム、鉄と多岐にわたります。これらは茎にも含まれているため、かならず丸ごと食べるようにしてください。また、水溶性ビタミンを逃さないよう、このレシピのように蒸して調理することをおすすめします。

最後にチーズを加えると味がまろやかになり、完全食である牛乳の栄養素も追加することができます。チーズの種類は問いませんが、なかには塩分が多いものもありますので、その点だけはご注意を。

[栄養成分]
(1人分)
総カロリー 555kcal

タンパク質＝61.3g
脂質＝30.4g
炭水化物＝11.4g
カルシウム＝540mg
ビタミンD＝37.8μg
食塩相当量＝4.8g

**材料**（1人分）

ブロッコリー＝3/4個（150g）、サケの水煮缶＝1缶（180g）、とろけるチーズ＝70g、塩＝少量、胡椒＝少量、白ワイン＝大さじ2（20g）

**作り方**

① ブロッコリーを小房に分け、茎は食べやすい大きさに切って鍋に入れます。

② サケの水煮を適当な大きさに割りながら鍋に加えます。

③ 塩と胡椒を振って白ワインを加えます。

④ 蓋をして火にかけ、ブロッコリーがほどよい硬さになるまで加熱します。

⑤ ブロッコリーにだいたい火が通ったらチーズを載せ、蓋をしてさらに1分間ほど加熱します。

肉・魚料理⑩

# サバ缶カレーと豆乳ナン

肥満防止　筋骨強化　機能調整

良質のタンパク質と不飽和脂肪酸が豊富な魚といえば、その筆頭に挙げられるのがサバ。秋から冬にかけてが旬ですが、輸入物が年間を通して入手できるので、皆さんの食卓に並ぶ機会も多いのではないでしょうか。水煮や味噌煮にした缶詰もお馴染みで、こちらは生に近い栄養素を保持しながら、カルシウムたっぷりの骨まで丸ごと食べられるのが魅力です。

このサバ缶を常備しておけば、いつでも思い立ったときにこんなカレーを作ることができます。繊維成分としてタマネギを加え、さらにビタミンやミネラルの豊富なニンニクやトマトも合わせると、味も香りも豊かになって、一段と味わいが増すでしょう。

白いご飯やパンと一緒に食べてももちろんOKですが、ときには植物性タンパク質を多く含む豆乳を使った手作りナンを添えても。オーブンがない場合は、フライパンで焼くこともできます。

**[栄養成分]**
(2〜3人分)
総カロリー 1383kcal

タンパク質＝47.4g
脂質＝41.3g
炭水化物＝218.6g
カルシウム＝332mg
ビタミンD＝4.6μg
食塩相当量＝5.5g

**材料**（2〜3人分）

サバ缶（味噌煮）＝1缶、タマネギ＝中1個、トマト水煮缶＝1缶（200g）、ニンニク（チューブ）＝10g、おろしショウガ＝2かけ分（20g）、水＝50㎖、オリーブオイル＝大さじ1、塩＝少量、胡椒＝少量、カレールー＝1かけ

〈豆乳ナン〉強力粉＝200g、きび砂糖＝20g、塩＝2g、ドライイースト＝2g、豆乳＝155〜160㎖（150g）

**作り方**

①タマネギを好みの大きさに切り、オリーブオイルで炒めます。

②塩と胡椒、ニンニクを入れ、水とトマトの水煮でのばします。

③サバ缶を加え、おろしショウガで臭みを取ります。

④カレールーを溶かし、具材に馴染むまでしばらく煮ます。

〈豆乳ナン〉

①強力粉、きび砂糖、塩、ドライイーストを混ぜ、温めた豆乳を加えて、しっかりと捏《こ》ねます。

②生地を球状にしてラップフィルムをかぶせ、2倍の大きさになるまでしばらく置きます（一次発酵）。

③打ち粉をしながら薄く伸ばし、フライパンなどで焼きます。

# ご飯もの・麺類

## 白米と玄米の違い

日本人の食事摂取基準では、一日に必要なカロリーの50〜65パーセントは糖質で摂ることを推奨しているので、炭水化物（糖質）を多く含むご飯（米）が食事のメインになります。

一般に広く食べられているのは、胚芽や糠層の部分をきれいに取り除いた白米。主たる栄養成分は重量の約90パーセントを占める炭水化物デンプンで、ほかの糖質と同じく消化の過程でグルコースまで分解され、比較的吸収の速いエネルギー源として活用されます。

一方、玄米は、イネのもみ殻を取り除いただけの状態で、その栄養価の高さから「完全食」に分類されます。米全体の栄養素のうち、脂質、ビタミン、ミネラル、食物繊維などは大部分が糠層と胚芽部に含まれているので、玄米ならこれらを余すことなく摂ることができるのが最大の利点です。また、噛む回数が増えるため、咀嚼《そしゃく》中に消化酵素や免疫グロブリンを含む唾液が充分に分泌されることや、その咀嚼運動自体が老化防止や脳の活性化につながること、精米された米よりも糖質の吸収がゆるやかになって腹持ちがよくなることなどから、健康的な食生活には極めて有利な糖質源として注目されています。

## 低カロリーで肥満防止に効果的なそば

数ある麺類のなかで、栄養面で注目される筆頭はそば。米と同じく炭水化物（糖質）の供給源となる穀物ですが、白米よりも外皮部分の比率が多いため、少ないカロリーで多種多様な栄養成分を摂ることができます。そばに比較的多く含まれる特徴的な栄養成分は、リジン、トリプトファンなどのアミノ酸、ポリフェノールに分類されるルチン（血圧低下、動脈硬化予防効果が知られています）、ビタミンB群など。同じそばでも、外皮部分を多く残した黒みの強い全層粉のそば（田舎そばなど）のほうが、白色のそばよりも多種類の栄養成分が含まれています。

ご飯もの・麺類①

# セリの混ぜご飯

肥満防止
筋骨強化
機能調整

春の七草のひとつでもあるセリは、水田の畦《あぜ》道《みち》などで見かける山村では身近な春の山野草です。ビタミンC、ビタミンK、葉酸などのビタミンに加え、βカロテンやカリウムも豊富に含まれ、健康増進に効果的なことから、無病息災の願いをこめて食べる七草粥に入れられるようになったのではないでしょうか。

セリの食べ方としては、前記のお粥のほか、お浸しにするのが定番ですが、さっと茹でてから（水溶性ビタミンが溶け出さないよう茹ですぎにはご注意を）炊きたてのご飯に混ぜ合わせてもおいしいものです。油揚げでタンパク質を補い、さらに胡麻を加えれば栄養バランスも上々。特有のさわやかな香りが食欲を刺激して、ついつい箸が止まらなくなるので、食べすぎないようにくれぐれもご注意ください。

また、これをおにぎりにして登山の際の昼食にすれば、残雪の山々の風景と合わせて、春の訪れを強く感じることができるのではないでしょうか。

**［栄養成分］**
（2～3人分）
総カロリー 687kcal

タンパク質＝19.6g
脂質＝13.4g
炭水化物＝123.6g
カルシウム＝174mg
ビタミンD＝0μg
食塩相当量＝1.5g

**材料**（2〜3人分）

米＝1合（150g）、セリ＝1束（100g）、油揚げ＝1〜2枚（30g）、みりん＝小さじ1、めんつゆ＝大さじ2、酒＝小さじ1、胡麻＝少量

**作り方**

①米を研いでざるにあけておきます。

②みりん、めんつゆ、酒を合わせたところに水を加えて180㎖にし（炊飯器を使う場合は1合の目盛り）、これで米を炊きます。

③セリは根の部分を切り落としてさっと茹で、水気をよく絞ってから細かく刻みます。

④油揚げはフライパンで焦げ目をつけてから細かく刻みます。

⑤炊きあがったご飯にセリと油揚げと胡麻を合わせ、均一に行き渡るようによく混ぜます。

ご飯もの・麺類②

# ひじきご飯

肥満防止　骨筋強化　機能調整

日常の食事で積極的に食べておきたいのが海藻。食物繊維そのものなので消化管の運動を促進し、コレステロールの吸収抑制、腸内細菌の活性化などにも役立ちます。

さらに、ビタミンAの前駆体であるβカロテンやヨウ素、カリウムやカルシウムも豊富。ビタミンAは網膜細胞の情報伝達や免疫担当細胞の分化、皮膚や粘膜の再生など、ヨウ素は甲状腺機能の維持などに効果があります。

もちろんひじきも例外ではなく、ヨウ素やカルシウムが十二分に含まれているため、体を活発に活動させる甲状腺ホルモンの原料になり、骨の強化にも貢献します。また、ビタミンAのほか、ビタミンB群、ビタミンC、ビタミンE、ナイアシン、葉酸などのビタミンもたっぷり。乾燥品が容易に手に入り、長期間にわたって常温で保存できるのもありがたいことです。

このひじきごはんは、油揚げのタンパク質、ニンジンのビタミン類、シイタケのアミノ酸を補いました。

**[栄養成分]**
(2〜3人分)
総カロリー 1302kcal

タンパク質＝31.3g
脂質＝13.4g
炭水化物＝265.5g
カルシウム＝343mg
ビタミンD＝0.4μg
食塩相当量＝6.8g

**材料**（2〜3人分）
米＝2合（300g）、乾燥ひじき＝15g、油揚げ＝1枚、ニンジン＝1/5本（30g）、シイタケ＝1個（20g）、だし汁＝300㎖、醤油＝大さじ2と1/2、みりん＝大さじ2と1/2、顆粒だし＝少量

**作り方**
①米を研いでざるにあけておきます。
②乾燥ひじきは30分間ほど水につけて戻します。
③ニンジン、油揚げ、シイタケをひじきと同じくらいの長さの細切りにします。
④米とひじき、ニンジン、油揚げ、シイタケを炊飯器などに入れ、だし汁と調味料を加えてご飯を炊きます。

ご飯もの・麺類③

# ウナギちらし寿司

肥満防止　骨筋強化　機能調整

本来は冬が旬のウナギですが、夏の土用の丑の日に食べる習慣が定着したせいか、夏バテ予防のイメージをお持ちの人が多いのでは。実際のところ、ビタミンA、ビタミン$B_1$、ビタミン$B_2$、ビタミンDなどを中心とするさまざまなビタミン類やミネラル、不飽和脂肪酸を含んでいるので健康増進効果は抜群です。

ただ、タレの味つけが濃くなると塩分摂取過多になるので、こんな工夫を――。錦糸玉子と油揚げを添え、ご飯には風味豊かなシソやラッキョウ、胡麻を混ぜ合わせると、タレを薄味にしても充分においしく食べられますし、ご飯の量を控えても遜色ない満足感を得られます。

ウナギにつきものの山椒は、健胃腸や冷え性改善、疼痛緩和などの効果があるうえ、サンショオール、シトロネラール、ジペンテン、フェランドレン、ゲラニオールといった有効成分の特有の香りが料理のアクセントとなるので、塩分を控えたいときに積極的に利用してはいかがでしょうか。

**[栄養成分]**
(1人分)
総カロリー 559kcal

タンパク質＝27.1g
脂質＝20.4g
炭水化物＝71.7g
カルシウム＝155mg
ビタミンD＝15.2μg
食塩相当量＝1.3g

**材料**（1人分）
ご飯＝150ｇくらい（米5勺弱分）、鰻ハーフサイズ＝1枚（70ｇくらい）、卵＝1個、ラッキョウ（漬け汁も含む）＝50ｇ、大葉＝3枚、胡麻＝小さじ1、塩＝少量、酒＝少量、粉山椒＝適宜

**作り方**
① 炊いたご飯にラッキョウのみじん切り（漬け汁も一緒に）、繊切りにした大葉、胡麻、塩を混ぜ合わせます。
② ウナギに酒と蒲焼き用のタレをつけて、焼き網などでふっくらと焼き（またはパックされた半調理の蒲焼きを温めて）、食べやすい大きさに切り分けます。
③ 解き卵に好みの味をつけ、フライパンに薄く広げて両面を焼き、細切りにします。
④ 油揚げをフライパンでこんがりと焼き、細切りにします。
⑤ ウナギ、油揚げ、③の錦糸玉子をご飯の上に重ね、全体に粉山椒を振ります。

ご飯もの・麺類④

# 厚揚げ丼

肥満防止
筋骨強化
機能調整

ビタミンやミネラルをはじめ、アミノ酸類もたっぷり含まれている雑穀ご飯に、タンパク質が豊富な厚揚げと鰹節《かつおぶし》を載せた、栄養分も食べごたえも満点の丼物です。

これに添える野菜はベビーリーフ。数種類の野菜の幼葉を詰め合わせたものですが、植物が生育するための栄養素が漏れなく含まれているので、栄養管理には大変ありがたい存在です。

さらに取り合わせたのは温泉玉子。卵はニワトリがヒヨコとして歩き出すまでに必要な栄養成分が必要充分量含まれているため、典型的な完全食といえます。屋上屋を架す感がありますが、栄養面に関していえば摂りすぎて困ることはまったくないのでご安心ください。

なお、写真では見えませんが、雑穀ご飯にはショウガの風味を添えています。ショウガに含まれるジンゲロン、ショウガオールなどには、胃液の分泌を促進して消化吸収を助ける作用や殺菌作用があり、体の機能を活発にする点でも有効です。

**[栄養成分]**
(1人分)
総カロリー 536kcal

| | |
|---|---|
| タンパク質 | 23.9g |
| 脂質 | 16.6g |
| 炭水化物 | 68.4g |
| カルシウム | 227mg |
| ビタミンD | 2.2μg |
| 食塩相当量 | 4.6g |

**材料**（1人分）

雑穀ご飯＝130g（米4勺に雑穀大さじ1/5を加えて炊いたもの）、厚揚げ＝1/2枚（75g）、ベビーリーフ＝1/2パック（15g）、温泉玉子＝1個、鰹節＝ひとつまみ（5g）、ショウガ＝1/4かけ（3g）

〈タレ〉醤油＝大さじ2、みりん＝大さじ2と1/2、酢＝小さじ1/4、胡麻油＝小さじ1/2

**作り方**

① 醤油、みりん、酢を一煮立ちさせて火からおろし、胡麻油を加えてよく混ぜ合わせます。

② 厚揚げを焼いて一口大に切ります。

③ ショウガはみじん切りにし、雑穀ご飯に混ぜ合わせます。

④ 雑穀米ご飯をどんぶりによそって、ベビーリーフと厚揚げを載せ、鰹節を散らしてから①のタレを大さじ1ほどかけます。

⑤ 最後に温泉玉子をのせ、好みでタレを追加します。

ご飯もの・麺類⑤

# 豆モヤシのビビンバ

肥満防止　筋骨強化　機能調整

ご飯を豆モヤシとともに食べるだけでも栄養成分は豊富ですが、そこにビタミンAが豊富なニンジンと、タンパク質補強のための牛肉を取り合わせると、筋肉の再生と増強を促進する効果が期待できます。

体の構造成分であるタンパク質とエネルギー源となる炭水化物（糖質）の両方が一緒に摂れるので、運動前のシャリバテ防止食としても、運動後の体力回復食としても格好のメニューといえるのではないでしょうか。

工夫のポイントは、牛肉と豆モヤシの茹で汁でご飯を炊き上げること。こうすれば、それぞれに含まれる水に溶け出してしまう栄養成分を漏れなく摂取することができます。

さらに、本場韓国風に韓国ノリを散らしながら食べれば、味わいが増すばかりかミネラルなどの栄養素も摂れて一石二鳥です。

カロリーがやや高めなので、食べすぎにはご注意を。運動量に見合った分量だけ作るのがおすすめです。

**[栄養成分]**
（1人分）
総カロリー 1581kcal

タンパク質＝41.0g
脂質＝88.3g
炭水化物＝165.5g
カルシウム＝488mg
ビタミンD＝0μg
食塩相当量＝8.8g

**材料**（1人分）
豆モヤシ＝200g、牛肉＝100g、米＝1合（150g）、ニンジン＝約2cm分（20g）、刻みネギ＝⅕本分（20g）、胡麻＝大さじ1
〈タレ〉刻みネギ＝⅕本分（20g）、胡麻＝大さじ1、胡麻油＝大さじ2、醤油＝大さじ4、砂糖＝大さじ2、

**作り方**
①豆モヤシを軽く茹で、水洗いして水気をよく切ります。
②牛肉も軽く茹で、細切りにして胡麻をまぶします。
③豆モヤシと牛肉の茹で汁を利用して米を炊きます。
④タレの材料をよく混ぜ合わせます。
⑤炊き上がったご飯に豆モヤシ、牛肉、細切りにしたニンジン、刻んだネギを均一に混ぜ合わせて茶碗によそい、タレを少しずつかけながら食べます。

ご飯もの・麺類⑥

# じゃこと大葉の焼きおにぎり

肥満防止

筋骨強化

機能調整

登山の際の昼食は、「そのままでも食べられ、調理できる状況ならばさらにおいしく食べられる」という多様性があるものなら申し分ありません。どんなに厳しい条件でも確実に必要な栄養素を摂取でき、好天に恵まれれば景色を愛でながらおいしくクッキングといった具合に、その食べ方を臨機応変に選べるからです。

その好例がこのおにぎり。コンロと焼き網、味噌を持参して、山頂で焼きおにぎりにしてもいいですし、パウダーかティーバッグで抹茶やほうじ茶をいれて、お茶漬けにするのも一案。これなら疲れていても食べやすく、水分補給も同時にできます。もちろん、雨に見舞われたときなどはそのまま食べられます。

いずれにしても、米の炭水化物からすぐに利用可能なカロリーを得ることができ、タンパク質やカルシウムも小魚から摂取可能です。塩分がやや多めなので、登りで汗をかいたあとが最適でしょう。

**[栄養成分]**
(1人分)
総カロリー 626kcal

タンパク質＝17.9g
脂質＝9.7g
炭水化物＝121.9g
カルシウム＝181mg
ビタミンD＝4.0μg
食塩相当量＝1.9g

**材料**（1人分）
ご飯＝320g（米1合弱分）、ちりめんじゃこ（またはしらす干し）＝大さじ6〜7（33g）、胡麻＝小さじ2（5g）、大葉＝5〜10枚（5g）、塩＝ひとつまみ（0.2g）、胡麻油＝小さじ1強（5g）、白味噌＝小さじ1弱（5g）

**作り方**
① ちりめんじゃこと胡麻を胡麻油で炒め、ごく少量の塩で味を調えます。
② 大葉を細かく刻みます。
③ ご飯に①と②を混ぜ合わせて、おにぎりにします。
④ おにぎりに味噌をつけて、表面に軽く焦げ目ができるぐらいまで焼きます。

ご飯もの・麺類⑦

# 大豆まみれ餅

肥満防止　筋骨強化　機能調整

　餅は、昔から腹持ちのよいエネルギー源として力仕事の前に提供されていました。

　かつて街道筋の峠道の手前に団子や雑煮を提供する茶屋が設けられていたことは、第3章に記したとおり。餅は時間をかけて消化吸収される分子の長い炭水化物なので、これを食べれば数時間はシャリバテすることなく歩けるのですが、そのことが科学的に解明される前から経験則として伝承されていたのだと考えられます。

　この餅に砂糖をまぶして、エネルギー不足を短時間で解決できるように工夫したのが甘味の強い餅菓子ですが、さらにタンパク質を補強すると、カロリー源としてだけでなく消耗した筋肉の修復や増強にも効果を発揮します。

　ここで取り合わせたのは、煎った大豆を挽いた香ばしいきな粉と、大豆の発酵食品である納豆。大豆はタンパク質が豊富なばかりでなく、ビタミン$B_1$、カリウム、鉄、サポニンなども含まれるため、運動後の疲労回復にも貢献してくれます。

**[栄養成分]**
(1人分)
総カロリー 260kcal

タンパク質＝9.8g
脂質＝5.0g
炭水化物＝45.9g
カルシウム＝40mg
ビタミンD＝0μg
食塩相当量＝0.5g

**材料**（1人分）
切り餅＝1〜2個（70g）、納豆＝½パック（25g）、きな粉＝大さじ1（8g）、砂糖＝小さじ1と⅔（5g）、塩＝少量（0.5g）

**作り方**
①納豆をよくかき混ぜてから、砂糖2gと塩を加えてさらにかき混ぜます。
②切り餅を柔らかくなるまで電子レンジで加熱します。
③納豆を餅で包み込み、砂糖3gほどを加えたきな粉をたっぷりと振りかけます。

ご飯もの・麺類⑧

# トマトとチーズの冷製パスタ

肥満防止　筋骨強化　機能調整

タンパク質の多いパスタは、グルテンの網目構造のおかげでGI値が低いため、腹持ちのよい糖質源になります。ここに紹介する一品のように、トマトとモッツァレラチーズでビタミンやミネラル、アミノ酸などを補充すれば、登山前日の夕食やウォーキング前の昼食に打ってつけの、完全食に近いメニューになるでしょう。

トマトは、酸化を防止する作用のあるリコピン（赤い色の素で人間には合成できない栄養素）やビタミンCがたっぷりで、老化防止効果なども謳われる健康野菜の典型です。皮の近くには旨味成分のグルタミン酸が多く含まれるので、皮をむかずに食べるのがポイント。

また、豊富に含まれるβカロテンは、体内でビタミンAに変わるのですが、体が必要としているときだけ変化するため、摂取過剰の心配がないのも利点といえるでしょう。

タンパク質を増やしたい場合は、缶詰のツナを載せると効果的です。

**[栄養成分]**
（1人分）
総カロリー 961kcal

タンパク質＝32.4g
脂質＝58.1g
炭水化物＝83.1g
カルシウム＝307mg
ビタミンD＝0.1μg
食塩相当量＝1.4g

**材料**（1人分）

パスタ＝80〜100g、塩＝少量、プチトマト（赤と黄）＝3〜5個、モッツァレラチーズ＝30g、バジル（または大葉）＝数枚、オリーブオイル＝大さじ2、胡椒（好みで）＝少量、レモン汁（好みで）＝小さじ4（20㎖）ほど

**作り方**

① 塩を入れた湯でパスタを茹でます（既定の時間）。

② 茹で上がったパスタを冷水で締め、オリーブオイルを絡めてから皿に盛って、プチトマト、モッツァレラチーズ、バジル（大葉）を彩りよく載せます。

③ 好みで塩と胡椒を振り、レモン汁をかけます。

ご飯もの・麺類⑨

# 夏野菜のぶっかけそば

肥満防止　筋骨強化　**機能調整**

暑い夏、手早く食事を済ませたいときには、ツルッと食べられるそばがなにより。ここにとりどりの夏野菜と海藻を取り合わせれば、栄養素のバリエーションが増えるのはもちろん、色どりもボリュームもアップします。そばも夏野菜もビタミンが豊富なので、エネルギー源になる糖質と各種ビタミン、食物繊維を一緒に摂ることができるのが利点です。

そばは、外皮部分を多く含んだ黒みの強い全層粉そば（田舎そばなど）のほうが、白いそば粉を使ったものより栄養成分は豊富です。また、肝臓を保護する効果があるナイアシンやコリンといった水溶性ビタミンは、茹で汁に溶け出してしまいます。せっかくのビタミン類を無駄にしないためには、そば湯（そばの茹で汁）もぜひ飲むようにしてください。

オクラやモズクなど、ネバネバ系の野菜、海藻は水溶性食物繊維が豊富なので、添える量を多くすると、腸内環境の整備や便秘予防に効果的です。

**［栄養成分］**
（1人分）
総カロリー 360kcal

タンパク質＝15.6g
脂質＝8.8g
炭水化物＝56.8g
カルシウム＝149mg
ビタミンD＝0.1μg
食塩相当量＝1.8g

**材料**（1人分）

そば＝茹でた状態で170gくらい、オクラ＝2本（26g）、大葉＝2枚、キュウリ＝½本（70g）、ミョウガ＝1個（14g）、油揚げ＝½枚（20g）、モズク＝40g、めんつゆ＝適量、みりん（好みで）＝適量

**作り方**

①そばを各製品の推奨時間どおりに茹でます。乾麺の場合、茹で汁はそば湯として飲みましょう。

②オクラ、大葉、キュウリ、ミョウガ、モズクはすべてほどよいサイズに切り、油揚げは空焼きしてから細切りにします。

③すべての具材をそばの上に盛りつけます。

④めんつゆは、濃縮製品を各メーカーの推奨倍率で希釈し、そばと具材にかけます。好みに応じてみりんを追加してもいいでしょう。

■コラム⑤

# すべての栄養素が詰まった完全食

レシピの解説のなかで「完全食」という言葉を使いました。これは厚生労働省の「日本人の食事摂取基準」に記されている「生存に必要な栄養素」をすべて含んだ食品のことで、「完全栄養食」とも呼ばれます。その栄養素のうち、いくつかの含有量が少なかったり欠けていたりするものが「準完全食（準完全栄養食）」です。

完全食の代表格といえば、なんといっても鶏卵でしょう。体の形成に最適な量比率でアミノ酸が含まれ、ビタミン類やミネラルも揃っています。細胞膜や神経伝達物質などの重要な形成成分となるレシチンも豊富です。ただ、炭水化物は少なめで、ビタミンCと食物繊維も含まれていないため、穀物類と野菜や果物を取り合わせて食べるのがおすすめ。また、加熱しすぎると栄養成分の消化・吸収が非常に遅くなるので、温泉玉子のように半熟の状態で食べたほうが栄養素摂取の面では効率的です。

牛乳は準完全食に分類されることもありますが、こちらは栄養成分と水分を同時に摂ることができます。骨粗鬆症が懸念される中高年には優良なカルシウム摂取源となりますが、脂質や糖質が多く含まれているので、飲む量には注意が必要です。牛乳を乳酸菌で発酵させたヨーグルトは、腸内細菌を活性化する効果が付加されているのが利点。チーズは種類によって栄養成分が異なりますが、水分を抜いた牛乳を発酵させたものなので、タンパク質、脂質、ビタミンAやビタミン$B_2$、カルシウムを豊富に含みます。

そのほか、各栄養成分の多寡はあるものの、玄米や納豆、バナナも完全食に該当すると考えられるでしょう。

昨今は、スティック状、ゼリー状、ヌードル状などに加工した完全食製品が市販されています。しかし、必要充分量の栄養素があまねく含まれているわけではなく、これだけを食べていればよいというものではありません。噛んだり、味わったりする必要がほとんどないことも、食事を楽しむという観点でマイナスといえるでしょう。

健康的な食事は、トータルとして完全食に近い形にするのが理想的。さまざまなものを取り合わせて日ごろの食事を満喫していただけたらなによりと思います。

# おわりに

2018（平成30）年より「健康登山塾」を開催し、登山を活用した健康増進法を提唱しています。心肺機能や免疫力の強化法、外傷の予防法、体温・体液の管理の仕方など、医学のデータに基づいた体のつくり方について、実際に山を歩きながら受講生に解説しているのですが、その健康増進法を医食同源という視点で延長し、さらなる健康度アップにつなげたいとの思いから、本書を執筆しました。

本文に繰り返し記しましたが、末永く登山をつづけるための秘訣と、生活習慣病の予防法はほぼ一致します。その方法を要約すると、過剰な栄養摂取（とくに糖質と塩分）と運動不足を解消することと――この二つに尽きるといえるでしょう。つまり、医食同源を意識した食生活を送りながら登山をつづけていれば生活習慣病を予防することができ、また生活習慣病を予防することによってどんなに歳を重ねても山に登りつづけられるというわけで、これをさらに言い換えれば健康寿命をのばすことにつながります。

健康増進を実践するためには、いきなりハードルを高くしないで、まずは確実に達成できる小さな目標を立てるといいと思います。たとえば、運動なら「週に3回、30分以上の坂道歩行をする」、栄養管理なら「毎日納豆と豆腐を食べる」といった感じです。楽しくない目標は継続がむずかしいので、「好きな音楽を聴きながら」とか「好みの味つけをして」など、嗜好に合ったお楽しみ要素を入れておくと苦痛感がなくなるでしょう。

また、「○○しなくちゃ」という消極的な発想から「○○しよう」という積極的な発想に切り替えることも健康増進のコツといえます。それには、「自分はできる」「自分の計画には意味がある」という自尊心が大切。自尊心を持つためには裏づけとなる正確な知識が必要で、世間に流布するさまざまな情報からバイアスのかかっていない信頼のおけるものを選別しなくてはなりません。食品関係は販売促進目的の扇動的な情報が多いので、とくに注意が必要です。

「継続は力なり」といわれますが、思い立ってすぐに行動を開始できる人は多いものの、挫折することなく当初の目標まで完徹できる人はぐっと少なくなります。ですから、健康増進は自分自身の楽しい人生のため、周囲の人に迷惑をかけないためと自律的な動機づけをして、それを絶えず意識しながら継続させるように心がけてください。

周囲の人に評価してもらい、自己評価と比較しながら改善点を見出すことも重要です。同じ目標を持つ仲間を見つけて、自分自身の取り組み（たとえば味噌汁の塩分を控えるなど）を共有すれば、ポジティブな評価が得られ、次のステップへのやる気アップにつながるのではないでしょうか。もちろん、ひとつひとつの目標が達成されるたびに、「よくやった」「進んでるね」と自分自身を褒めることも忘れないようにしましょう（ただし、ご褒美食はほどほどに）。

最初は小さな一歩でも、医食同源を意識しつづけていれば、かならず効果を実感できるはずです。末永く登山を継続していくためにも、生活習慣病を予防するためにも、日ごろの食事を見つめ直して、真の健康を手に入れていただければ本当に嬉しく思います。

＊

本書は、第4章のレシピ作りを手伝ってくれた当院麻酔・集中治療科秘書の片木久美さんと安藤麻畝さん、栄養価の計算をしてくれた管理栄養士の齊賀桐子さん、編集の藤田晋也さんと山と溪谷社の佐々木惣さんの協力を得て完成に至りました。皆さんに感謝の念を捧げます。

2023年10月

著　者

【参考文献】
真柳誠「医食同源の思想　成立と展開」『しにか』9巻10号
鈴木志保子『基礎から学ぶ！　スポーツ栄養学』ベースボール・マガジン社
細谷憲政『人間栄養とレギュラトリーサイエンス』第一出版
渡邊昌『運動・からだ図解　栄養学の基本』マイナビ出版
ガイ・クロスビー（石田伸一・清水玲奈訳）『食の科学　美食を求める人類の旅』ニュートンプレス
満尾正『世界最新の医療データが示す最強の食事術』小学館
高久史麿、島田和幸『ぐんぐん健康になる食事・運動・医学の事典』法研
山崎元『中高年のためのスポーツ医学Q＆A』世界文化社
山本正嘉『登山の運動生理学とトレーニング学』東京新聞
大塚亮『お医者さんが薦める免疫力をあげるレシピ』三空出版
大塚亮『お医者さんが薦める免疫力をあげるレシピ2』三空出版
太田潤『アウトドアクッキング大事典』成美堂出版
太田潤『アウトドアクッキング220メニュー』大泉書店
大森博『元気の出る山の食事』山と溪谷社
萩原浩司『萩原編集長の山塾　秒速！山ごはん』山と溪谷社
ワンダーフォーゲル編集部、山ごはん研究会編『フライパンで山ごはん』山と溪谷社

【著者執筆書・論文】
松林公蔵編『登山の医学ハンドブック　改訂第2版』杏林書院
齋藤繁『病気に負けない健康登山』山と溪谷社
齋藤繁『「体の力」が登山を変える　ここまで伸ばせる健康能力』山と溪谷社
齋藤繁、飯野佐保子編『山歩きと健康管理の秘訣』朝日印刷工業
日本登山医学会　高山病と関連疾患の診療ガイドライン作成委員会編『高山病と関連疾患の診療ガイドライン』中外医学社
齋藤繁「登山を楽しむための健康トレーニング」上毛新聞社
三枝里江、戸部賢、高澤知規、麻生知寿、齋藤繁「上州、上越地方の山岳信仰と修験者の医学的知識」『The KITAKANTO Medical Journal』70巻3号
Rie Mieda, Shigeru Saito, Yusuke Matsui, Masafumi Kanamoto,

Masaru Tobe, Hiroshi Koyama.「Circulatory Hyperactivity and Risk of Heart Attack in Elderly Persons During High Land Physical Activity:Concomitant Risk for Rescuers Who May Work on Cardiopulmonary Resuscitation.」International Journal of Physical Medicine & Rehabilitation 2020-09-09.

齋藤繁『山登りでつくる感染症に強い体　コロナウイルスへの対処法』山と溪谷社

Rie Mieda, Yusuke Matsui, Masaru Tobe, Masafumi Kanamoto, Takashi Suto, Shigeru Saito.「Education program for prevention of outdoor accidents in middle-high aged trekkers:Monitoring of change in blood pressure and heart rate during exercise.」Preventive Medicine Reports 23 (2021) 101396.

齋藤繁『登山で病気に負けない体を作る健康トレーニング』上毛新聞社

Yusuke Matsui, Rie Mieda, Masaru Tobe, Yuki Arai, Jo Ohta, Takashi Suto, Masafumi Kanamoto, Chizu Aso, Tomonori Takazawa, Shigeru Saito.「Foot Landing Pressure Measurement to Prevent Injuries in Middle-Aged and Elderly Trekkers.」International Journal of Physical Medicine & Rehabilitation 2021 Vol.9 Iss.S7 No:1000002

カバーフォーマット＝尾崎行欧デザイン事務所
編集＝藤田晋也、佐々木惣（山と溪谷社）

**齋藤 繁**（さいとう・しげる）

1961年、群馬県高崎市生まれ。群馬大学医学部附属病院病院長、群馬大学大学院医学系研究科麻酔神経科学分野教授、医学博士。大学生時代にワンダーフォーゲル部に所属し、国内各地で登山に励む。1992年、日本ヒマラヤ協会クラウン峰登山隊に参加し、高所登山に関する医学研究に取り組む。その後、山岳イベントの医療支援活動や一般登山者の健康管理に関する啓蒙活動などを行なっている。所属山岳団体は、群馬県山岳連盟、日本山岳会、日本ヒマラヤ協会、日本登山医学会など。

院長が教える
一生登れる体をつくる食事術　YS073

2023年12月20日　初版第1刷発行

著　者　齋藤 繁
発行人　川崎深雪
発行所　株式会社 山と溪谷社
〒101-0051
東京都千代田区神田神保町1丁目105番地
https://www.yamakei.co.jp/

■乱丁・落丁、及び内容に関するお問合せ先
山と溪谷社自動応答サービス　電話03-6744-1900
受付時間／11時～16時（土日、祝日を除く）
メールもご利用ください。
【乱丁・落丁】service@yamakei.co.jp
【内容】info@yamakei.co.jp
■書店・取次様からのご注文先　山と溪谷社受注センター
電話048-458-3455　ファクス048-421-0513
■書店・取次様からのご注文以外のお問合せ先
eigyo@yamakei.co.jp

印刷・製本　図書印刷株式会社

定価はカバーに表示してあります

Printed in Japan ISBN978-4-635-51082-0